君の人生は大文夫か？

西本剛己
Nishimoto Takemi

幻冬舎MC

君の人生は大丈夫か？

目次

第1章

人生とデザイン
デザインとは「仕組み」である

君の人生は大丈夫か？

君を取り巻く社会は大きく変わる

君の人生は大丈夫か？　未来に希望を持てているか？　今のままでいいのだろうかと悩んだり迷ったりしていないか？　あるいは自分と向き合うことから逃げ出しそうになっていないか？

それでなくとも厄介なのに、君の人生を取り巻く社会は、これから異様に変わろうとしている。人生百年時代と言われ、これまでの仕事がＡＩに取って代わると言われ、グローバル化が進み、環境問題はより深刻化し、さらには新型コロナウイルス。本当に誰も経験したことのない世界に君は直面することになるだろう。それでも君は自ら人生を切り拓いて、自分の未来をデザインしていかなければならない。誰も経験したことがない世界なのだから、誰にもハウツーなどない。

だがそんな状況の中で、僕はできる限り君たち若い人たちを応援したい。デザインやアートが専門で、大学教員をしているために、僕は君と同じか比較的近い世代の若者と毎日のように会っている。僕が学生たちに教えたり伝えたりしているのは、自分の専門分野の知識や技術というよりは、これからの未来に対する考え方や生き方だ。多くの学生たちは僕の言葉に真剣に耳を傾けてくれるし、懸命に実行しようとしてくれる。卒業生たちはそれを社会で具現化しようとガンバってくれている。

しかし、学生たちが僕を信頼してくれればくれるほど、若い世代への期待と不安が募り、目の前の学生たちだけでいいのだろうか、もっと多くの若い人たちに、声を届けるべきではないのか？そんな思いが強くなってきて、今回の執筆を引き受けた。ただし今、この本を手にしてくれている君が、これから社会へ出ようとする学生なのか、企業などで働いている社会人なのか、それともすでに独自の路線を見つけて起業している人やフリーランサーなのかによって、すべきアドバイスもこの本の意味も全然違ってくる。

今の君に「手遅れ」など存在しない

もし君が学生であれば、この本は社会に出るための準備の本だ。基本的に僕のメッセージは「自分を鍛えろ」ということだから、無茶に思えるチャレンジも含まれているかも知れない。君は僕ではないし、今ごろ言われても手遅れじゃないかと思うかも知れない。しかし、それは違う。今の君に手遅れなど存在しない。君はまだスタート地点にも立っていない。それに社会に出て、本当に自分の実力が試され、評価されるのはまだずっと先。おそらく君の社会的な価値が決まるまでには、今まで生きてきた時間の早くても半分、普通には同じだけかかるだろう。今から始めて遅いなどあり得ない。

もし君がすでに独自の路線を見つけているのにこの本を手にしているなら、それはさらなる刺激やヒントが欲しいからだ。それだけの気概がある人なら、この本から盗めるものを盗みつくし、面白いと思ったところを実践してみるだけでいい。君はチャレンジするのが大好きなはずだ。だから絶対にやってのけるだろう。

一番大きな問題を抱えている君に

だが、一番大きな問題を抱えているのは、そしてこの本を手にした理由を持っているのは、社会に出て、いま企業などで働いている若い人なのではないだろうか。「このままでいいのか」「自分は変われるのか」「この職場でいいのか」。会社が嫌いというわけではない。仕事が終われば仲間と楽しく飲んだりもする。でもそれで本当に満足しているかと自分に問えば、答えは微妙なはずだ。君の仕事や、そのやり方を決定しているのは、大抵は上司だ。自分の人生の方向を決めているのは、ほとんど他人だ。その中にかろうじて自分の自由ややりがいを見つけて、それをたどっているだけだし、お金だっていつもギリギリだ。だからと言って自分に特別な能力があるような気はしないし、独立してやれるほどの自信なんかない。そんな君だ。

はじめに断っておくけれども、こんな風に露骨に言えるのは、僕自身もかつてはそうだったからだ。僕が会社員をやめて独立したのは30代の終わりだった。なぜ独立の道を選んだのだろう。実際にその後かなりの間、経済的には少しも楽ではなかったのに。

理由は単純で、しかもたった一つだ。自分の人生を自分で決めたかったからだ。人生の判断を人に下されるような日常に、もう戻りたくなかったからだ。でもあのときの選択は間違っていなかった。しかも独立した後で迷ったことは一度もない。僕にはそれが合っていた。

自分に嘘をつくのはよそう

企業で働くことを悪いなんて言ってるんじゃない。だけどそれでも自分の人生は君自身で決められるようになるべきだ。自分の自由を放棄するなんて、絶対にいいことじゃない。

幸せの尺度は人それぞれでいい。しかし自分にとっての幸せについて、自分に嘘をつくのだけはよそう。今すぐに実現しないからといって、諦《あきら》めたりしてはいけない。僕は自分の個人事務所を持っているけれど大学教員でもある。そういう意味では、結局のところ今も僕は組織に所属している。教員になりたての頃は、やはりそのルールにあれこれ縛られた。企業とほとんど変わりない。それでも僕はその中で、自分の自由のための闘いを貫き通してきた。

自由を得たければ、横に飛んで独立するか、上に這《は》い上がるかだけだ。もしもいま君が、企業にいる自分に悩んだり迷ったりしているとすれば、そのどちらでもないからだろう。僕はそのどちらもやっている人間だ。だが大事なのはここからだ。両方をやってみて、そのどちらにも満足し、しかもその2つが「まったく同じ」であることに気づいたのだ。

幸せも自由も自分で手に入れるしかない

だからこの本で、僕は君たちに独立を勧めるわけでも、就職したり組織にとどまることを勧めるわけでもない。「早道」の方法を教えるわけでもない。この本は、小手先のハウツー本なんかじゃない。自分の人生を切り拓き、豊かにし、自由を謳歌《おうか》するために、しなければいけないことを伝えるだけだ。

そのための心の持ち方と、考え方、身につけるべきことを、自分の人生を告白しながら伝授して、君ら若い世代にバトンを渡したい。バトンを渡したからといって、もちろんそこで終わりにする気など毛頭ない。それでも君たちのほとんどは、僕には見ることのない未来を生きて行く。しかもどうだろう。これからの時代の変化以前に、今の日本自体が少しもよろしくない。若い世代の死因の第1位を知っているだろうか。「自殺」だ。そんなの欧米の先進国にも見当たらない。モノに溢れているだけで、まるで幸せな国と言えない。

だから幸せも自由も、何としてでも自分で手に入れるしかない。人生「早道」などするとロクなことはない。しかし、だからと言って全員がいちいちゼロからスタートしているのでは、未来へ進むリレーは成立しない。迷うことは大いに結構だが、走り方のアドバイスも得られず、走るべき方向もルールも教えてもらえず、それぞれが行き当たりばったりの人生なら、未来になど進むわけもない。バトンを渡すとはそういう意味だ。

自由を手にする怖さも覚悟してほしい

ここに書くほとんどのことは、ただ自分の経験に基づいた話だ。僕はオリジナルの試行錯誤だらけでここまで来た。他人の言うことにいちいち疑問が生じて、自分だけの道をたどって来たから、いつどこで潰されてもおかしくないはずだった。でもそうはならなかった。

周りや大人たちの言うことを聞かず、自分の考え方のほうが面白いし正しいと思い、それでダメなら仕方ないと覚悟を決めてやって来た結果、自分が思い描いていた自分にたどり着けてしまった。やっぱりこれで間違いなかったのだ。しかもその多くは誰でもできるようなことなのに、誰も教えてくれない。なぜならこれまでの大人たちはそれをしたことがないからだ。

だから僕は僕の経験と見つけ出してきた方法を語る。若い君たちに、自分の人生の自由を、若い頃の自由とは桁外れの自由を、いつか手に入れ、味わってもらうために。その代わり、覚悟もしてほしい。僕が今一番怖いのは、自分がかなりの自由を手に入れてしまっていることだ。自分が何かをする、自分が意見を言う、自分が指示を出す。それが全てその通りになってしまう。もし自分が間違っていたら、どうなってしまうのか、どれだけの人に迷惑をかけるのか、考えるとゾッとする。自由を手に入れる代わりに、待っているのはそういう状況だ。それでも僕はまだ前に進もうと思う。それがなりたい自分だから。

僕は誰なのか？

総合者（シンシスト）

僕は少し奇妙な立ち位置から話をすることになる。デザインやアートが専門だと最初に話したが、僕は自分のことをいわゆるデザイナーだとは思っていない。かと言って芸術家と呼ばれるのにもまた違和感がある。

自分は結局何を目指しているのだろうかと考えると、唯一しっくりくるのは「総合者（シンシスト）」だ。僕がこの言葉を知ったのは、国連で貧しい地域のためのデザインなどについて教えていたヴィクター・パパネックの『生きのびるためのデザイン（Design for the Real World）』という本の中でだが、おそらく著者の造語だと思う。「総合者（シンシスト）」という言葉は、これからの世界で必要になるのは狭い領域の「専門家（スペシャリスト）」ではなく、あらゆる領域をつなげることのできる人材だ、という文脈で登場する。

特定の学問分野や芸術分野を極めるのは素晴らしいことだと思う。しかし僕自身は昔から、むしろ異なる分野の間の共通項を発見したり、それを他の領域に応用したりすることのほうに興味があった。

僕の経歴

それは自分の経歴に由来する。僕はけっこう貧しい家に生まれた。遊び人だった父にはまるで生活力がなく、それを恨んでいた母親の執念で小学生の頃、鬼のように勉強させられたのだが、そのかいあって当時「御三家」と呼ばれていた私立中学に進んだ。そこは驚くほどの自由放任主義で、授業の内容も普通の学校とはまるで違う。しかしその分、教員も生徒も並外れていた。ものすごくユニークで刺激的だったから、その影響を思い切り受けて、あの頃僕は実によく勉強したと思う。

ところがさらなる刺激を求めて高校時代に一人旅などをしているうちに、様々な文化人に出会うことになる。その人たちがまた普通の大人とは段違いに生き生きして見えたために、僕は急激に芸術の世界に憧れるようになり、美術家を志した。

ただしそれではとても生活費が稼げないので、アパレル系の店舗デザインの会社に入ったのだが、それはただの偶然で、デザイナーになりたいなんて一度も思ったことはないし、デザインの知識もゼロだった。だが現場の叩き上げでデザインの仕事に関わっているうちに、それはそれで楽しくなり、会社が解散した後、アートとデザインの個人事務所をつくった。

その後僕は明星《めいせい》大学に専任教員として呼ばれ、その9年後、新たに開設されたデザイン学部の初代学部長に就任した。

デザインすべきは人生と未来

実は僕が「デザイン」という言葉の本当の意味を理解したのは教員を始めてからだ。そしてデザインが、いわゆる狭い分野のデザイナーより、それ以外のあらゆる人にこそ必要な力であることに気づいた。僕はデザイナーにほとんど興味がなかったので、どこかデザインの世界を外から見ているようなところがあり、それが逆にデザイン本来の力に気づくきっかけになったのかも知れない。

だから僕のデザイン論は、一般的なデザインの世界から学んだものではない。むしろもっと若い頃からの様々な経験がもとになって紡ぎ出されたものだ。デザインや美術や教育といった表向きの専門分野とは別に、僕はあらゆることに関心があり、今ではそれらを全て「デザイン」という視点から語ることができる。

この本でも、僕はまずデザインについて明確に定義し直した上で、「人生をどうデザインすればいいのか」を語ることになる。モノのデザインなんかどうでもいい。デザインすべきは人生と未来だ。君に伝えたいのはそのことだ。

今教えている大学でもそんなスタンスだから、学生たちに尋ねてほしい。デザインで一番大切なことは？と聞けば、きっと当たり前のように「コミュニケーションのデザイン」と答えるだろう。これが文字通りのバトンタッチだ。君たちが、またゼロからやり直すなど馬鹿げている。僕自身がその当たり前の答えにたどり着くまでに、40年もかかったのだから。

デザインこそ君の役に立つ

ところが近年、デザインに対する僕のような考え方が、急に注目され始めてきた。それはアメリカなどを中心に唱えられ始め、「デザイン思考」とか「デザイン経営」と呼ばれている。今ではいわゆるGAFA（米国の主要IT企業であるグーグル、アマゾン、フェイスブック、アップル）を始めとするアメリカのトップ企業は社員にMBA（経営学修士）を取得させるのではなく、積極的にアートスクールに送り出しており、企業成績の大きな差に結びついているという。

僕がよく似た地点にたどり着いたのは、世の中に何かの提案をする際などに当然踏むべき思考方法を、誰にでも、特に学生たちに分かりやすく伝えようとした帰結にすぎない。が、大事なのは、アメリカにおいても、それがいわゆるデザイナーではなく、システムエンジニアや企業経営者、つまりいわゆるデザインの外にいる人たちから出てきたことだ。

デザイナーよりも、そうでない人たちのほうが、今やデザインの本質に気づき始めたのだ。僕自身、講演依頼などで与えられるテーマは、決して「モノのデザイン」などではなく、プレゼンテーション（プレゼン）の仕方とか、これからの組織のデザインについてだ。

若い君たちにとっても、きっとデザインの考え方は役に立つ。しかもこの本を少し読み進めればすぐに分かるはずだが、どう考えても当たり前なことなのに、誰もちゃんと教えてくれなかったことばかりだろう。デザインについての予備知識などまったく必要ない。必要ないどころか、デザインについての余計な知識などジャマなだけだ。

もちろん君も「デザイン」と言われれば、何らかのイメージを持っていると思う。しかし間もなくそれは完全に破壊されるだろうし、代わりに今よりはるかに大きな視点から、デザインや社会や自分の人生について、考えられるようになるはずだ。

デザインとは「はっきりと目的を伝える仕組み」だ

「デザイン」を定義しよう

いきなり直球勝負で行こう。デザインとは何だろう？　どんな答えでもいい。まずちょっと自分で考えてみてほしい。今からしようとしているのは、デザインの「定義」だ。定義、つまり何かをひとことで言えるようにするのはとても大事なことだ。何かに迷ったり、分からなくなりかけたりしたとき、定義を自分ではっきり言えれば、原点に戻ることができ、自分のすべきことを思い出して、また前へ進むことができるからだ。だが「デザイン」という誰でも知っているはずの言葉でも、いざ定義するとなると意外に戸惑うのではないだろうか。

それではまず重要なことを言おう。デザインとは、「形」や「色」を考えることではない。えっ?と思うかも知れない。もちろん一般的なデザイナーの仕事は、形や色に関係する場合がほとんどだが、それは樹木に例えれば枝葉にすぎず、幹や根に当たる本質的な部分ではない。

では、本当のデザインとは何なのか。その答えは、英語の「design」の綴《つづ》りを見ると実は一目瞭然なのだが、カタカナにしてしまったために、本来の意味が捉えにくい。そこで英語でたどってみよう。

「design」という単語は「de+sign」でできている。最初の「デ(de)」とは「はっきりと」という意味。その後の部分も英語で見れば何のことはない。「サイン(sign)」だ。つまり「デザイン」とは、「de(はっきりと)+sign

（サインにすること）」だと分かる。サインとは何かを相手に伝える「仕組み」のこと。「心のサインが伝わらない」なんて言うときは、相手の気を引こうとあれこれやっているのに、それが意図の伝わる仕組みにならずに嘆いている状態だ。

とにかく語源を確認しただけで、デザインとは「はっきりと、目的を伝える仕組み」なのだということが分かる。

色や形はデザインの枝葉にすぎない

このことをもう少し具体的な例で考えてみよう。例えば誰でも知っている信号機。これも誰かがデザインしたわけだが、「信号機のデザイン」とはいったい何だろう？　四角い「形」にしようかとか、ライトは何「色」にしようかといったことも確かにデザインの一部だろうが、その前にもっと根本的なことがある。

そもそも信号機のデザインが必要なのはなぜだろう？　大昔、原始人が歩いていた荒野には道すらなかった。やがて人が増え、集落ができ、歩きやすいように道路が作られるようになった。そしてより速く楽に人やモノを移動させられるように荷車や馬車が発明された。だがもしその当時、すでに電気が通っていたとしても、現在のような信号機はデザインされなかっただろう。必要がないからだ。

しかしついに自動車が誕生し、事故も起きる。やがて台数がどんどん増えると、安全に通行できるよう新しいルールが必要になり、歩道や車道の区別や、車線や横断歩道が「デザイン」される。さらに自動車のスピードが上がり、もはや人と自動車の動きを交互にして、止まる時と進んでいい時を分けるための「はっきりとした仕組み=de・sign」が必須となった。このような中で生まれたのが、現在の信号機だ。

言い換えると、同じ目的を果たせるのなら別に今のような色や形でなくてもいい。大事なのは、ここでデザインされているのは、時代の変化で必要となった「新しい交通の仕組み」だということだ。交通自体は色でも形でもない。その一部として「信号機という仕組み」が考案され、それを具体化するための形や色が決定されていったのだ。色や形は樹木の先に付いた枝葉であり、デザインには幹や根に当たるもっと大切なことがあると言ったのは、こういうことだ。

デザインの本質を正しく認識してほしい

これまで君は、デザインというと、ファッションや道具やポスターの色や形のことだと思っていたのではないだろうか。まあそれは仕方ない。「色や形は樹木の枝葉」だと伝えたが「花」にも当たる。それは文字通り華やかな目に映りやすい部分だから、多くの人がデザインを、色や形のことだとつい勘違いしてしまうのだ。

だが誰でも知っている通り、いくらバラがきれいだからといって、花だけ切り取ったりしたらすぐに枯れてしまう。それを松の枝にくっつけたって何の意味もない。その元の、根や茎や幹との「つながり」がまずデザインされていて、すべて必然的な仕組みが備わっていなければ、美しい花など咲くはずがない。

だがデザインを形や色のことだと勘違いさせてきた一番の原因は、これまでのデザイナーにあるだろう。多くの場合、センスだの好き嫌いで形と色だけ物珍しくしたようなモノを「デザイン」として世の中にバラまいてきたのだから。そのためにデザインというと、一部の人間のやっている特殊なことだと思われるばかりか、そんな「デザインごっこ」が、必要もない商品や製品を無反省に増やし、ついに地球上はゴミだらけになってしまった。

君がこれからの人生をデザインするときの「デザイン」が、そんなことであってはいけない。君の人生が、価値のないゴミになっていいはずがない。だからこそ、デザイナーもどきたちに騙《だま》されることなく、君はデザインの本質を正しく認識して、それを自分の人生のために正しく使ってほしいのだ。

何より重要なのは「コミュニケーションのデザイン」だ

問題はデザインに対する意識と進め方だ

それでは何をどうデザインすればいいのだろう。勘違いしないでほしいが、モノをデザインする必要がないなどと言っているのではない。むしろ逆で、この世界できちんとデザインしなくていいものなど何一つない。問題は意識と進め方だ。僕は空間デザイナーでもあるから、あえてその仕事を例に話を進めよう。

僕はこれまで数えきれないほどの店舗や展示空間などをデザインしてきた。商品ケースや展示台やレジカウンターなどの図面を描き、床や壁の素材なども決めてきた。でもこうした「モノのデザイン」は、重要度で言えば3番目に過ぎない。

それよりずっと重要なのは「空間のデザイン」だ。空間デザイナーが空間をデザインするのは当たり前？　いや、ここで言っているのはそういう意味じゃない。「空間」という文字を改めて見てほしい。「空《から》」と「間《ま》」をデザインする、と言っているのだ。つまり「モノのない部分」のデザインだ。

店舗設計などの場合、動線と呼ばれる、お客や店員が動く場所、言い換えれば物を置かない場所の計画がとても大切で、これ次第で居心地がまるで変わるし、売り場の成否にも大きく影響する。「間《ま》」こそ店舗設計の要だということを理解できるようになると、デザイナーとしてのステージも一段上がる。これが2番目に重要なことなのだが、さて1番目に重要なことを話す前に、ここで少し「間」について、じっくり考えてみよう。

人が存在する意味は「関係」の中でしか生まれない

空間と同じように、時間にも「間」という字が使われている。単なる「時《とき》」ではなく「時間」という言葉があるのは、時と時の間で、変化に気づいたり、目的に到達しようとする場合にのみ、人間にとって「時」が意味を持つからだ。

ところで人間にも「間」という字が使われている。「彼はそういう人間だ」などと言うとき、一人の個体のことを指すのに、なぜ「間」という文字が必要なのだろう。それは「人」が何もない宇宙にただ一人存在しても、何の意味も生まれないからだ。人と人、あるいは人と社会があって、その関係の中で初めてモノゴトは発生するわけで、人が存在する意味もまた、関係の中でしか生まれないということを「人間」という言葉は示している。「他者が存在すること」によって僕たちは初めて意味を持ち、その関係をより良くするためにデザインが必要になる。だからデザインとは、決してただ自分が好きなものを作ることなどではなく、常に相手の存在から始まり、最終的にはそうした関係の総体としての社会をより良くするための仕組みをつくる行為のことだ。その責任を負い、それを自分自身の存在価値につなげる行為のことだ。

今では様々なSNSがあるから、企業やマスメディアに頼らなくても個人で情報を発信して自分の価値を多くの人に問うことができる。それは素晴らしいことだ。しかし、最近どうも様子が怪しくて「自分の好きなことだけやればいい」的な論調が増えている。本人にとってはそれでいいかも知れない。でもなんだか滑稽《こっけい》で小さい人間の考え方だ。好きなこともいいのだが、僕は君たちに正しいと思うことをしてほしい。そして社会の未来の価値と自分の価値とを、しっかりとつなげるような人生をデザインしてほしい。

「間抜け」になってはいけない

自分のことばかり考えていて、変なところで出てきたり、余計なことをしゃべったりすると「アイツは間《ま》の悪い奴だな」なんて言われてしまう。間《ま》のデザインができない人を何と呼ぶだろう。「間抜け」だ。間抜けになってはいけない。間抜けなデザインをしてはいけない。

だからデザインの中で1番目に重要なのは、「コミュニケーションのデザイン」だ。空間デザインの仕事においてもそれは同じ。デザインチーム内のコミュニケーションが上手くとれないようなら話にもならない。クライアントとのコミュニケーションを疎《おろそ》かにしたら、相手の期待に応えられるはずがない。施工業者とのコミュニケーションがダメなら店舗は出来上がらない。

そしてまだ先がある。顧客や店員、販売員とのコミュニケーション。その人たちは店舗ができた後にやって来るのだから、デザイナーが直接言葉でやり取りするわけではない。それでもその人たちのことを想ってデザインしなければ、良い売り場など生まれない。

さらに地域とのコミュニケーション。自分がデザインする店舗が新しくその地域に加わることの意味や、地域とのつながりを考えなければ、まさに巨大なゴミになってしまう。

そして過去や未来とのコミュニケーション。自分のデザインで過去の伝統を引き継ぐのか、新たな価値を加えるのか。そしてそれは未来に対するどんなメッセージになるのか。

そうした全てを総合するのが、本来のデザインという仕事だ。やりがいと責任と可能性に満ちている。店舗に限った話じゃない。人間や社会との、あらゆる新しい未来の関係づくり、あらゆる可能性の実現のために、デザインは存在する。

だからデザインが君に関係しないわけがない。そしてこのことを理解し、学生たちの口から「一番大事なのはコミュニケーションのデザイン」という言葉が、まるで合言葉のように飛び出すものだから、僕はいっそう彼らを応援したくなるのだ。

デザインは「流れをより良くするための仕組み」だ

「より良い流れ」をつくるのがデザイン

デザインを「仕組みづくり」だと定義した。では、何のための仕組みだろう？　それも明白だ。人や、モノや、エネルギーや、情報の「流れをより良くする仕組み」だ。より速く、より広く、あるいはより遠くまで、これらのものを流す仕組みをつくること。それがデザインだ。

信号機のデザインのところで話したことを延長しよう。人が移動するのに、はじめは歩くか走るかしかなかった。やがて馬車が作られ、自動車や列車が生まれ、飛行機、さらにはロケットが誕生して、人類は今や宇宙にまで到達できるようになった。よりすぐれた仕組みを考え、その上で、仕組みに相応《ふさわ》しい形を発見することで、人間の移動手段は進化し続けている。

しかしいっぽうで、高速で走る車が事故を起こしたり、人をはねたりすれば、そこで流れは止まってしまう。人生の流れまで止まってしまう。それでは良いデザインとは言えない。つまり、自動車の「仕組み」にはまだまだ改良の余地があるわけだ。同様に、いくら高速で走れる車を開発したところで、渋滞が起これば流れは淀《よど》む。うんざりして心の流れも淀むだろう。これは個々の車の問題じゃない。交通の仕組みづくりが不完全だからだ。いやそれ以前に、そんな状況が起きるのは、都市や国家の流通デザインが最適化されていないということだ。

情報の流れはどうだろう。人に何かメッセージを送るとき、大昔は近くの人に声で伝えるしかなかった。しかし狼煙《のろし》の仕組みを思いつき、瞬時に遠距離にまでメッセージを送れるようになり、文字が発明されて、手紙や本やチラシでその場にいない人にも伝えられるようになり、やがては電話やラジオやテレビ、ついにはインターネットが誕生した。現在では全く会ったことのない人からも情報を得たり、情報を送れたりするようになった。電話は置いておくものから持ち運べるものになり、仕組みが変わることでその形態も変わってきた。これはまさに情報の流れの仕組みの進化だ。

しかしこれも、悪い使い方をしてウソの情報を拡散させたり、セキュリティの問題で個人情報が流出して犯罪などが起きれば、日常生活の流れはかえって淀んでしまう。スマートフォンばかりいじっていて周りの人と話もしなくなり、コミュニケーションの流れを悪くする原因になっているとしたら、さらに良い仕組み、つまりデザインを考える必要がある。

より良いデザインかどうかは「より良い流れ」につながっているかどうかで決まる。見た目のカッコよさ？　そんなことは仕組みを良くした上で考えればいいことだ。

デザインに関して人間は自然界で一番の「落ちこぼれ」

人間は、意外なほどデザインが苦手だ。ほとんどの人はデザインとは人間がするものだと思っているのではないかと思う。だが僕はそうでないどころか、もしかするとデザインに関しては、自然界で人間が一番の「落ちこぼれ」なのではないかとさえ思っている。

他の生物、いや無生物までを含めて自然界は、はるかに優れたデザイナーに満ちている。人間は、とても長くて複雑な遺伝子情報を持っているわりには本能が弱く、乳幼児は一人ではほとんど何もできない。帰巣本能もないし、教わらなければ自分で自分の家、つまり自分の巣もデザインできない。そんなの人間だけだ。あらゆる動物たちは、誰にも教わらないのに巣を作れるし、生物界全体で調和のとれた生態系をデザインしている。

こうした他の生命体が「何も考えずに」つくり上げているデザインを、人間は考えないとできない。しかもそれが自然のプログラムに基づいていないので、事故を起こしたり、殺し合いにつながったり、環境を汚染したり破壊したり、そんなことをずっと繰り返している。人間が身の回りのもの全てを「わざわざ創意工夫して」デザインなどしなければならないのは、まずもって本能が機能不全を起こしているからであり、その意味では、人間は生物学的には失敗作とすら言えるかも知れない。

ところがもっとまずいことに、人類という生物は、他のあらゆるものを殺したり破壊してでも、増殖することには異常なほど長《た》けているために、今や地球上に恐ろしいほどの数がはびこっている。現在の地球の人口は80億人に迫ろうとしている。体長1メートル以上の生物で、こんなのは今も、地球の歴史上にも、他に全く例がない。人間だけが「不自然」なまでに多い。しかも全体の調和もつくれない。人間はそんな危険な生物になってしまった。

現実を見つめ、君自身で流れを良くする

考えなければできないのなら、せめてちゃんと考えるべきだ。僕がデザインという視点から今この本を書いているのは、若い君たちに、生きがいとやりがいのある仕事をしながら自分の人生を豊かにして、本当に幸せな未来をデザインしてほしいからだ。

しかしそのためには、君たちを取り巻く現実を、君自身を含めて見つめる必要がある。そして君自身が未来を作るデザイナーにならなければいけない。他者との関係、あらゆるものの流れをより良くするデザイナーにならなければいけない。もうデザインをインチキなデザイナーなんかに頼っている場合じゃない。周りがやってくれるのを待っている場合じゃない。

今の仕事や職場が自分に合っているかどうか、そんなことは自分で勝手に決めればいい。だがその前に、よく考えてみる必要がある。職場の人間関

係、仕事の進め方、君が提供しているサービス、コミュニケーションのとり方、そうしたものの流れをより良くする方法を、君自身が日々考えて試し続けてきたかどうかだ。してこなかったと感じるなら、明日からでも開始すればいい。きっと工夫の余地がいくらでもあることに気づくだろう。

そうやって君自身で君の職場や仕事の流れを良くすればいい。職場のデザインをより良いものにすることで、周りも幸せになる。そしてそのとき君は人生デザインのプロフェッショナルとしての一歩を踏み出したことになる。それもしないのなら、いくら職場を変えたところで同じことだ。理由は簡単。そんな人間は、どこに行こうが人からも職場からも必要とされない「お荷物」だからだ。

情報をデザインする方法

デザインの秘訣《ひけつ》を君に伝える

もう君は、デザインが誰にでも関わることであり、色や形は、その一部の枝葉にすぎないという意味を理解してくれたと思う。でも一方で、その「枝葉」についても、君自身がコントロールしなくてはいけない機会は、ほとんどど毎日のようにあるはずだ。資料や書類を作成したり、プレゼンテーションのためのスライドを用意したり、ちょっとした社内のチラシを作ることもあるだろう。自分のホームページを作ってみようと思うかも知れない。

そのとき必要な文字も文章も、写真やグラフの配置もすべてデザインだ。なぜなら君がしようとしているのは、誰かに何かを伝えるためにする行為であり、情報の流れをつくろうとする行為だからだ。その流れをより良くすることができれば、君からのメッセージは、より速くより広く伝わっていく。そのためにはやはりデザイン、つまりこれまで枝葉と呼んだ「形や色」を操作するときの仕組みを身につければいい。

実は誰にでも実践できる、ごく簡単な仕組みがある。ここで少し実用書的に、その秘訣を伝えよう。すぐにでもやってみるといい。すると君は3つのことに気がついて驚くだろう。一つは、これから言うルールを守るだけで、自分で作ったものが自分で作ったとは思えないくらい美しくなること。それによって君の報告や提案が、より多くの人に受け入れられるようになること。そしてもう一つは、「形や色」のデザインの仕組みが、そのまま君の職場の改善や人生の歩み方に応用できるということだ。

誰でも実践できる7つの秘訣

プレゼン資料やスライドなどを作るとき、君はまず次のことだけしっかり意識して実行してみよう。

①　タイトル、見出し、説明文章、図や表といった、異なる要素ごとのグルーピングを明確に意識する。

②　文字や図の「ある場所」ではなく「ない場所」を見つめ、グルーピングの異なる要素間の距離、つまり「間《ま》」をなるべく広くとる。

③　文字についてはグルーピングごとに大きさ・太さに違いをつける。

④　文字に色は絶対に多用しない。３色以内。

⑤　文字に黒は使わない。ダークグレーにする。

⑥　資料の背景に余計なイメージ画像などの装飾は絶対に入れない。
⑦　スライドソフトのエフェクトは使用しない。

まずはこれだけで充分。これだけで、君の作る資料やスライドは、見やすく、読みやすく、美しくなる。そしてこの7つの秘訣は、実はたった一つのルールに基づいている。それは「読み手に余計な負担をかけない」ということだ。

「7つの秘訣」の意味を理解するために、君はまず「情報とは何か」ということを、しっかりと理解する必要がある。デザインが「目的を伝える仕組み」である以上、デザインは常に情報に関わっているからだ。

情報は「差異」から生まれる

情報とは、どのようにして生まれるのか？　情報は、すべて「差異」つまり「違い」から発生する。あるいは「変化」から生まれると言ってもいい。

何かの電源ボタンを押すとランプが光ったり音がしたりするのは、押す前との「違い」を作ることで、電源が入ったという情報を伝えるためだ。信号機の色が変われば、もし初めて信号機を見た人がいたとしても、それが何らかの情報を伝えようとしていることに気づくはずだ。光っているライトの位置が変わることで、さらにそれは強調される。差異がなければ情報にはならない。差異が少なければ情報力は減ってしまう。

情報は差異から生まれるということを、文章のレイアウトに置き換えて考えてみよう。**図01**を見てほしい。この□が文字だとする。縦横10個ずつ、計100文字の文章だ。しかしこれでは縦書きなのか横書きなのか分からない。□がぎっしり並んでいて、□の縦横の間隔に差異がないからだ。

そこで**図02**のように文字を小さくしつつ、縦横に差異をつける。これだけで縦に読むものか、横に読むものかという情報が発生する。ちなみに文字をかなり小さくしても行間を広めにとると、絶対に読みにくくならない。試してみよう。

図01

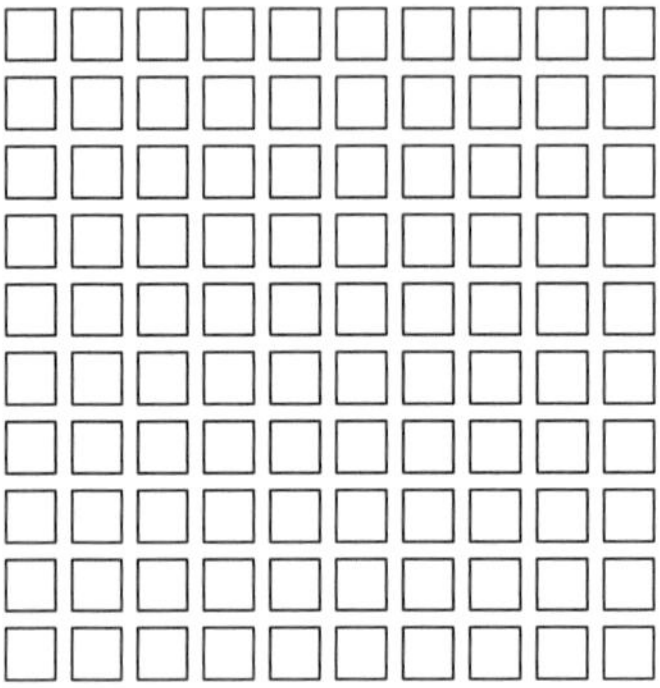

図02

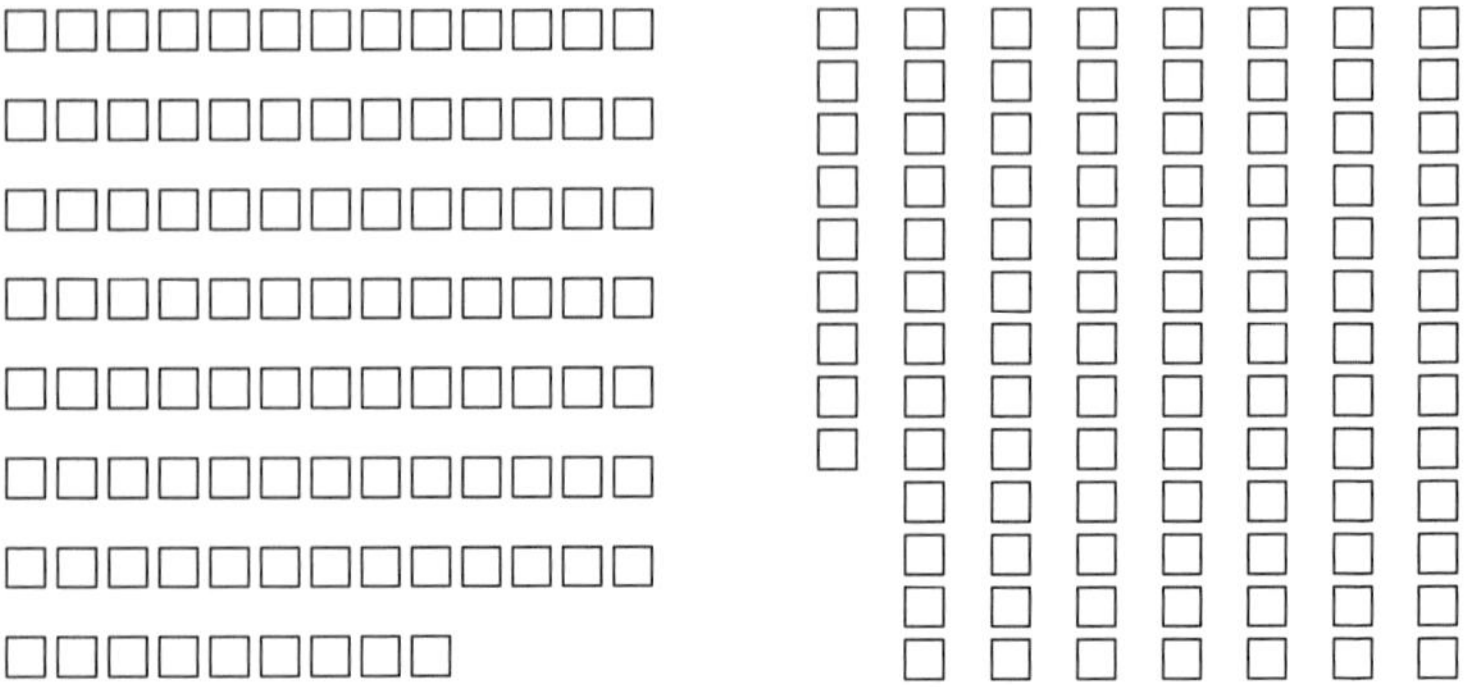

図03

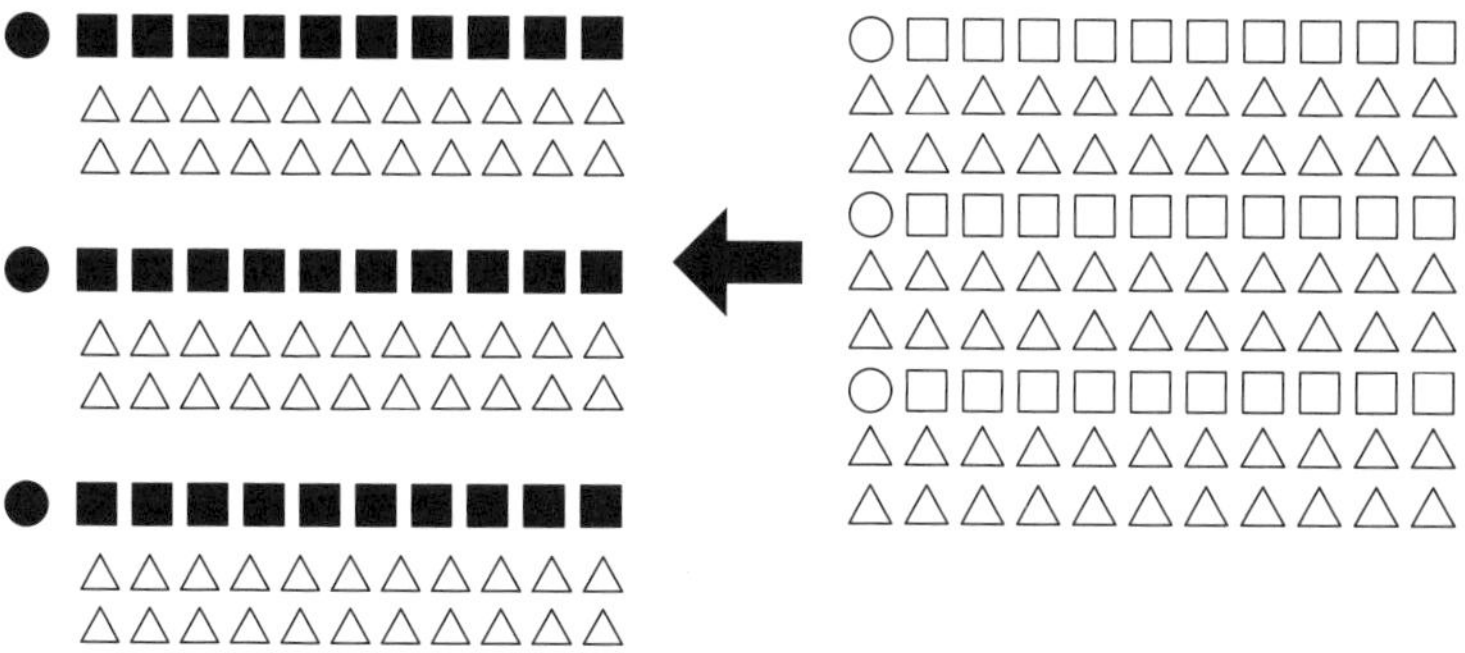

今度は**図03**を見てみよう。この図の○は何かの通し番号、□は見出し、△がその説明の文章だとする。通し番号同士、見出し同士、文章同士はそれぞれ同じグルーピングだから同じ字体を使い、グループごとに文字の大きさや太さを変える。そして、グルーピングの異なる要素の間にはしっかりと間《ま》を空ける。

特に通し番号には注意しよう。通し番号自体は見出しでも文章でもない。だから、通し番号の後は必ず半角スペースを空けよう。どうだろう。文字など全く使っていなくても、どこに何があるか、構成の「情報」が立ち上がるのが分かるだろう。これが「7つの秘訣」に示した①から③だ。

これを意識しながら、君が何かのイベントのチラシを作るときのことを想像してみよう。イベントのタイトル、日時、場所など、たしかにどれも重要だ。そこで全部大きな文字にしたくなるのだが、それではごちゃごちゃするばかりか一番肝心のイベント名すら伝わりにくくなってしまうだろう。文字の大きさ同士にあまり「違い」がないので、情報力が落ちてしまうからだ。

そこで文字の大きさに、3段階ほどのはっきりした違いを作ってみよう。すると大きな文字だけでなく、小さな文字で書かれた部分も、不思議なくらい読みやすくなる。

文字の色数を増やすほど、情報力は落ちる

文字の色についても同じだ。こっちは赤、そっちは青、あっちは黄色というように、いろんな色を使ってしまう人が多い。ところがタイトル・日時・

場所などをそれぞれ別の色にしてしまうと、結局どこが重要でどこがそうでないのか、つまり重要度の差異が見えなくなり、逆に情報としてのパワーが下がってしまう。むしろ1箇所だけ違う色にするほうが、見る人に対する情報の流れはずっと良くなる。これが秘訣の④。

一方、秘訣⑤の意味はこれとは少し違う。白い紙に普通は黒で文字を書くだろう。ところがこれがよろしくない。色彩には明度というものがあり、言うまでもなく白は一番明るい色、黒は一番暗い色だ。コントラストが強すぎて、えげつなくなってしまう。ぜひ試してみるといい。わざと一度黒い文字で文章を書いた資料を作り、その文字をダークグレーに変えてみよう。思わず「あっ」と叫ぶほど、同じ資料が落ち着いた大人な雰囲気に変わることに驚くはずだ。

無意味な「差異」は絶対に作ってはいけない

「違い」をきちんと作れば、情報の合図になる。しかし今度は反対のことを考えてみよう。もし作るべきでないところに「違い」を作ってしまうと、それが無意味な合図となって、逆に情報の流れを鈍らせてしまうのだ。

例えば文章の途中で、1行だけ1文字目の位置が出っぱっていたとしよう。もちろんそれはちゃんと揃えたほうがいい。ではなぜ揃えたほうがいいのだろうか？　おそらく「そのほうがきれいに見えるから」と説明してしまうのではないだろうか。しかしその答えは本質を捉えていない。ある状態をきれいと思うかどうかは、つまるところ個人の自由だ。揃えるべき本当の理由は違う。

あらゆる資料の目的は「0・1秒でも速く的確に内容を伝えること」であり、そのためには相手にその内容に集中してもらう必要がある。ところが文章の一部の位置がズレていると、その「違い」が意味のない合図となってしまい、読む人が一瞬それに気を取られてしまうからだ。これは目的に反している。だから行を揃えてこの無意味な合図を消去し、文章の内容だけに意識を向けさせる必要があるわけだ。

ムダな装飾やエフェクトは使うな

秘訣の⑥と⑦もこれと同じことで、要するにムダな装飾は使うなという話。例えばパワーポイントなどのプレゼンソフトでスライドを作るときのことを考えてみよう。デザインを理解していない人がよくやってしまうのが、無意味なエフェクトの使い方だ。文字や矢印などが横や上からスライドして出てきたり、くるくる回転しながら出てきたりするデータをよく見かける。あるいは背景に無意味なイメージ写真を入れたりしている。これらはすべてプレゼン本来の「目的」を見失っている。本人はこういうことで画面が面白くなったり、カッコよくなったりした気になっているのだろう。しかしその資料の目的は、矢印に注意を向けさせたり、背景画像と文字で画面を複雑にすることだろうか？

デザインをするときには、常にその「目的」に立ち戻らないと、無意味な差異や変化を加えて本来の情報の流れを遅らせてしまうことになり、さらにそれを読む人、見る人に対しても余計な負担をかけるだけになってしまうのだ。資料を整えプレゼンをしっかり聞いてもらいたいのなら、余計な装飾は一切入れるべきではないし、そんなのよりずっと効果的な方法がある。ここでも重要になるのは、「間《ま》」のコントロールだ。

「強調する」には「小さくする」

文字や写真の配置にしても、空間デザインにしても、あらゆる「レイアウト」は、間《ま》をとることによってしか生まれない。イベントのチラシの話に戻ろう。紙面が字でぎっしりになってしまい余白が少ないということは、間《ま》の問題から見ても、２つの点で大きなミスを犯していると言える。

図04を見てみよう。文字を大きくしてしまうと、必然的に項目と項目の間の距離が狭くなる。ということは、項目間の距離と、ある項目内の文章の行間の「差異」が減ってしまうので、情報の区別がつきにくくなってしまう。

こういう人は、その区別をつけるために、やたらに線を引いたり文章を枠で囲みたがる。その線や枠のせいでますます紙面はうるさくなる。

「強調する」とは「大きくする」ことでも囲むことでもない。むしろ小さくすることによって、その周囲との空きを作れば、その間《ま》がいわば「見えない

図04

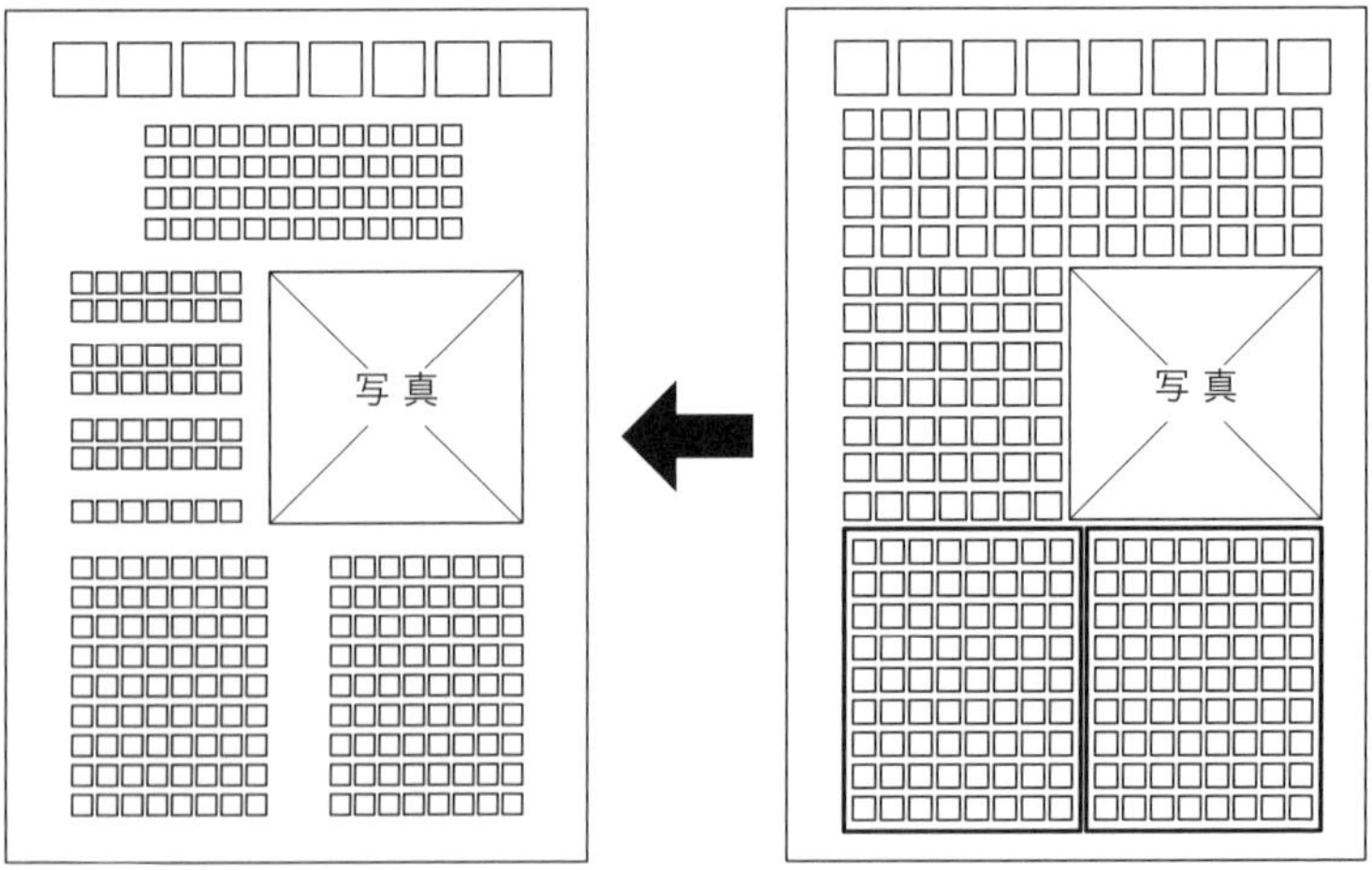

枠」として機能し、グルーピングがグッと引き立つ。

もう一つは、文字がぎっしりで間《ま》がないということは、相手がチラシの中の情報を順番にキャッチしていくために一息つく場所、音楽の楽譜でいえば休符がないということだ。これでは相手にしてみれば、休みなくしゃべり続けられているようなもの。必ず相手は嫌気がさして、途中からは聞いているふりをするだけになるだろう。

スライドは紙芝居

中でも一番ひどいのは、プレゼンでよく見かける、文字がぎっしりのスライドデータだ。これはさらに2つの点でミスを増やしている。プレゼンの場面では、相手は「読む」と「聞く」という2種類の負担を、常に同時に課されることになる。だからスライドの大量の文字を読もうとすれば、プレゼンターの言葉に聞き手は絶対に集中できない。

さらに1画面の文字数が多いということは、そこに書かれている話が終わるまで、スクリーンにはずっと同じ画面が映っていることになる。画面が「変わらない」ということは、情報の変化の刺激が与えられないということだ。まるで郊外の風景の変わらないまっすぐな高速道路をいつまでも走らされているように、相手は話を聞くことではなく、睡魔との戦いに集中せざるを得なくなるだろう。情報の流れは淀み、とにかくこの退屈なプレゼンから

図05

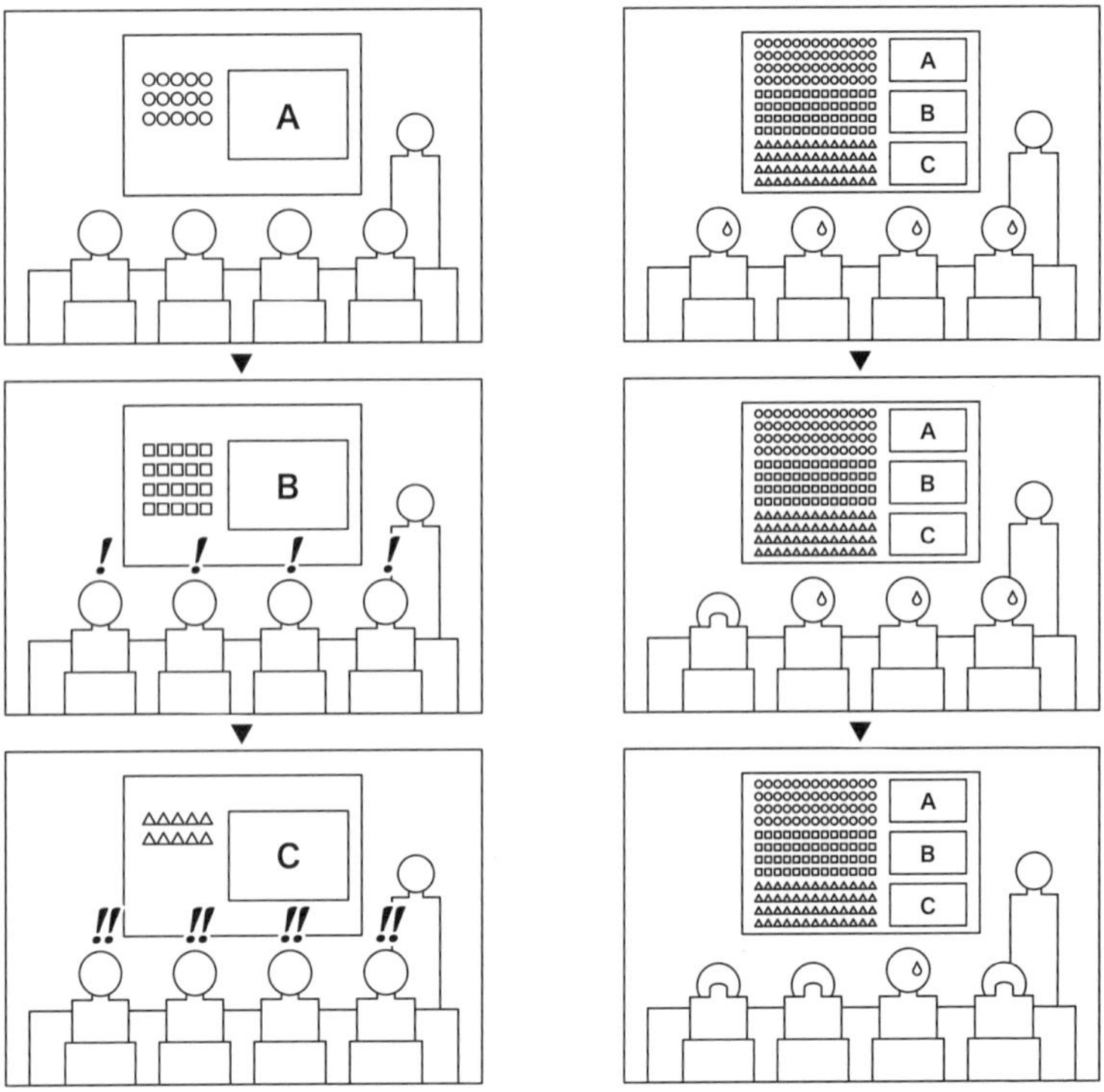

解放されることを願い続けるだろう。相手の立場から考えていない、相手との関係性の抜けた、文字通り「間抜けな」デザインだ。

スライドはいわば紙芝居。1枚に1つの情報だけにして文字数を徹底的に減らし、その代わり枚数を増やしてどんどん「変化」を与えれば、相手は飽きることなく君の伝えたい情報を吸収してくれるだろう。これが情報の流れをより良くする仕組み、つまりデザインだ。イメージ写真だのエフェクトだの、そんなのデザインでも何でもない。大事なのは常に「間《ま》」と「流れ」だ（**図05**）。

まずデザインすべきものは「人との話し方」

相手との「間《ま》」について、そこに発生するエネルギーや情報や心の流れという動的な性質を表す言葉が「関係」だ。「間《ま》」をデザインするというのは、その両端の「関係」をデザインし、良好な流れを生み出すことだ。文字と文字との関係も、人と人の関係も全て同じこと。それぞれの人やモノや場所という「点」は、それを関係づける「見えない線」によってのみ意味を持ち、その関係の線の引き方次第で、素晴らしい機能を発揮することもあれば、憎悪や事故や戦争を発生させることもある。

だからここでもう一度、一番重要だと言った「コミュニケーションのデザイン」について考えてみよう。デザインとは「はっきりと、目的を伝える仕組み」なのだから、人間にとってまずそれが「コミュニケーション」であるのは自明のことだ。だから人との話し方、接し方こそ、まず君がデザインすべきものだ。

自分の言葉は、ただ自分が言いたいことを口に出しているだけではないのか、自分と人との間に、情報のより良い流れをつくるための、言葉の選び方や声の大きさ、間《ま》のとり方や抑揚がしっかりデザインされているか、自分がしゃべることがコミュニケーションなのではなく、相手が話し始めた瞬間からコミュニケーションが始まるということを自覚できているか、この関係のデザインに目を背《そむ》けたら、それは自分が社会の一部であることを否定してしまうのと同じだ。

流れを悪くする要素は、結局社会から評価を受けない。「コミュニケーションをデザイン」するという意識を常に持たなければ、いくらモノの形や色などを目新しくしてみたところで、人間関係や社会が良くなるはずもない。あるべき仕組みとは「無関係」なものを生み出してしまえば、それはいずれ害悪にしかならないだろう。

自然界からの教えと人類の可能性としての「言葉」

自然界は「つながりの仕組み」をデザインしている

ところで自然界は、はるかに優れたデザイナーに満ちていると言った。良いデザイン、つまり良い関係の仕組みについて、自然界は様々なヒントを与えてくれる。その好例を挙げよう。それは「系統発生的相同（phylogenetic homology）」と呼ばれるもので、共通の祖先を持つ異なる生物が、同一のパターンから様々なデザインを生み出している様子を表している。

例えば君の腕の骨を考えてみよう。上腕の1本の骨が肘の骨を介して前腕の2本の骨につながり、さらにその先の手のひらの骨を通じて5本の指の骨につながっている。この骨格のパターンは、同じ哺《ほ》乳類であるクジラのヒレでもコウモリの翼でも全く同じだ（**図06**）。同じパターンを利用しつつ、パーツの長さやボリュームを変えるだけで、海を泳ぐヒレや、空を飛ぶ翼や、器用にモノを扱う腕へと、デザインの仕様変更をしている。海、陸、空。まるで万能のデザインだ。

「形」ではなくて「つながりの仕組み」からデザインすれば、様々に応用可能な無限の可能性が広がることを生物は知っている。目的にかなった仕組みをつくり出せる能力。これこそ本当の「デザインセンス」だ。ところが人間は、視覚を非常に発達させた結果、ついつい目に頼りすぎて個々のモノや形、つまり「ある場所」ばかりに気を取られてしまい、関係の意味と重要性

図06

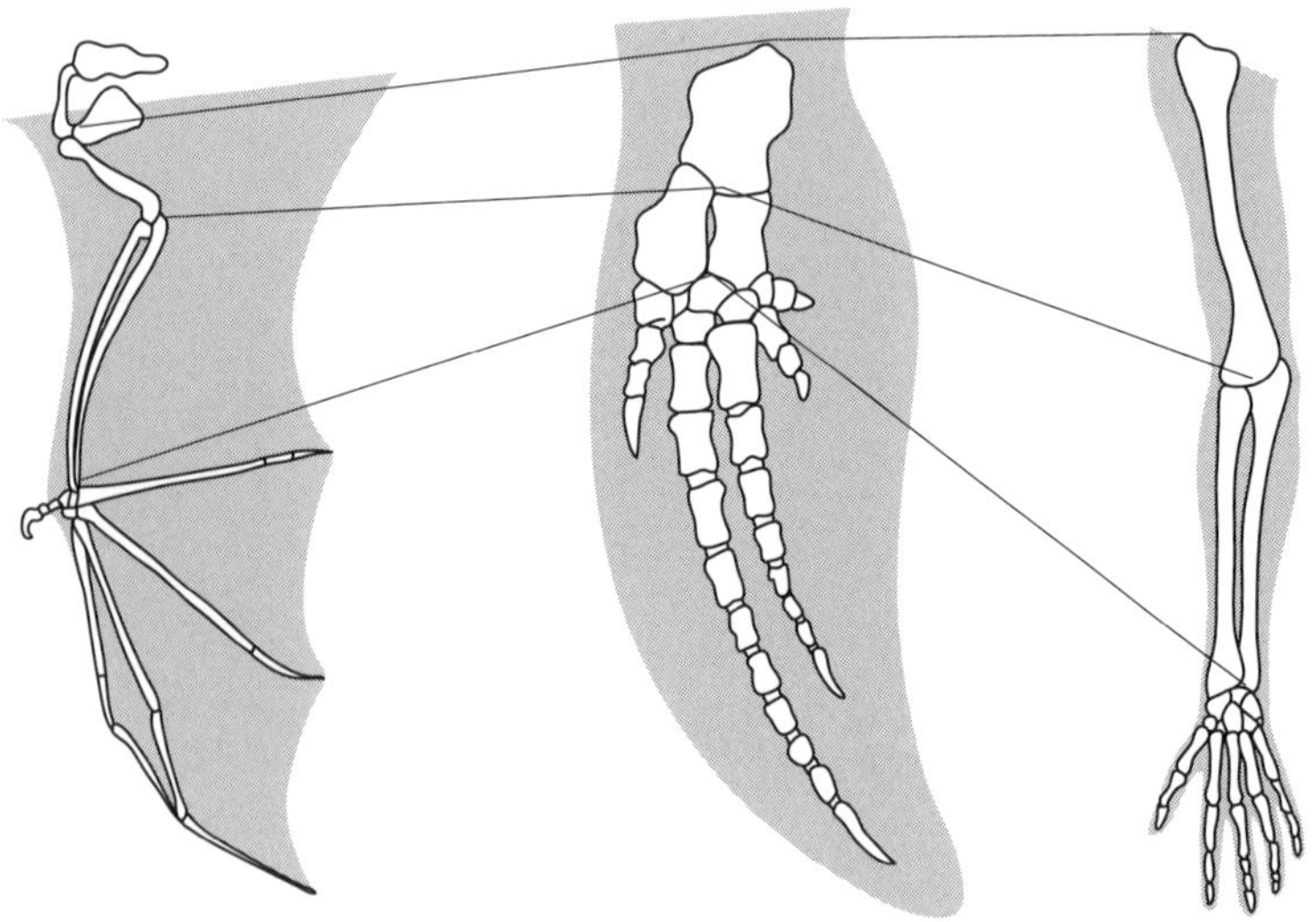

コウモリの翼　　クジラのヒレ　　ヒトの腕

を見落としてしまう。関係を忘れ、部分にしか意識が向かない。

本能の機能不全に加え、備えているべきデザインセンスも持たないまま、人間は殺傷能力ばかり高い武器や罠を大量に作り出し、森林を伐採し、土地を支配し、地球の生態系そのものまで破壊して、食物連鎖の頂点に立ってしまった。

食物連鎖の頂点に立った生物は絶滅する

そのツケなのだろうか、今や僕らに突きつけられているのは深刻なバッドニュースだ。それは未来の人類の絶滅についての予言。

地球のそれぞれの時代で食物連鎖の頂点に立った生物は、海の王者でも陸の王者でも、これまで全て絶滅している。頂点に立ったのだから生物の中にもう敵はいない。しかし地球の環境には必ず大きな変化が起きる。過去にはそれは地殻変動だったり、気候や酸素濃度の激変だったり、隕石の衝突だったが、これからはそれに加えて、人類自身が引き起こした環境破壊までが加わるだろう。

そして地球の歴史の中で、そうした状況を生き延びられたのは常に小さな弱い生物だった。何故なら小さな生物は子孫が生き残る確率を高めるために一度に多くの卵や子供を産むし、さらに寿命が短いぶん少しの期間に何度も世代交代するので、遺伝子の突然変異の回数も多くなり、新しい環境に適応した個体が出現する可能性が高くなるからだ。今生きている僕らも、元はそうした小さく弱い生物の子孫だ。

それに比べて強い生物は寿命が比較的長いので、世代交代に時間がかかる。しかも敵がいないのだから、もはや身体を進化させる理由もなくなる。そのため地球自体の環境に大きな変化が起きると全く対応できない。そして今その危機にあるのが人間だ。寿命も長い上に、外敵もいない。しかも地球環境は人間が破壊しようがしまいが必ずいつか変動するからだ。

高度な音声を獲得したのはホモ・サピエンスだけ

ただし地球に生まれた大型生物で初めて、人間（ホモ・サピエンス）だけはこの危機を乗り越えられる可能性があるとも言われている。その理由は人間が「考える力」を持っているからだ。人間は他の生物に比べると本能が機能していないので、考えなければほとんど何もできないが、もし考えることもできなければ、おそらくすでに死滅していた。なぜそんなことが言えるかというと、我々「ホモ・サピエンス」以外、サルから進化した他の全ての人類が実際に絶滅しているからだ。他の人類はどの種も、我々のような「考える力」を持てなかった。何故だろうか。そもそも「考える力」とは何だろうか？

それは「言語能力」のことだ。かつてホモ・サピエンスとも共存し、僕らと同等以上の大きさの脳と身体を持ち、道具も作っていたネアンデルタール人ですら、氷河期を集団で乗り切ることができずに絶滅してしまった。その理由は、驚くべきことに「喉仏《のどぼとけ》の位置の違い」だと推測されている。

ネアンデルタール人は、ホモ・サピエンスに比べて声帯のある喉仏の位置が高く、その上の気道の距離が短かったために、特に「母音」がうまく発音できなかったはずだと言われている。ある程度の会話はできても、複雑な音声の組み合わせによる言語は生まれようがなく、言語がなければ「考える」ことはできない。おそらくその力の違い「だけ」が、2種類の人類の絶滅と繁栄を分けた。

スタンリー・キューブリックの『2001年宇宙の旅』の冒頭で、人類繁栄の曙《あけぼの》を象徴するかのように、猿人が道具を用いるようになった瞬間の映像が映る。しかし僕は違うと思う。繁栄の曙は、音声だ。

生物は地球の歴史の中で、生存と存続のための様々な仕組みを身につけ、それを遺伝子によって子孫に伝えてきた。だが、声帯と気道から様々な音を生み出し、高度に音声をデザインする仕組みを獲得したのは、ホモ・サピエンスだけなのだ。

考えてみてほしい。僕ら人類は、時代も国も超えて音楽を愛し、新しいメロディを求め、感動したり興奮したりする。僕らにとっては当たり前のことだが、そんな生物は他にはいない。まれにちょっとしたリズムや音階に反応するペットがいるだけで驚かれ、テレビに出たりするほど、他の生物は音楽に全く興味を示さない。せいぜいクジラが歌を歌うらしいという程度で、音に関して人間と他の生物の間に中間が存在しないというのは奇妙に思えるほどだ。

しかしこの事実は、僕ら人類が、豊かな音声の組み合わせを作る仕組みが生存にとって絶対的な優位性につながることに気づいた唯一の生命体だということを示している。この音に無限のパターンと秩序を与えることでホモ・サピエンスは言葉を誕生させ、あっという間に地球最強の地位を獲得することになった。

僕らは「言葉」と向き合わなければいけない

何かをただ「感じる」とか「思う」ではなく「考える」ためには絶対に「言葉」が必要だ。そして言葉を誕生させた後、人類に何が起きたか振り返ってみよう。

まず経験とその記憶の言語化だ。そこで初めて、今日君が経験したことを他者に伝達するという事態が発生する。共同体の中で情報交換をし、情報を共有し、蓄積する。つまり「知識」が誕生した。

さらに言葉によって次の世代にまでその知識を伝えたり、技術を教えたりする。「教育」の誕生だ。

また特定の季節や時間になると繰り返し起こる出来事のパターンを認識し、それに基づいてあらかじめ備えができるようになる。これが「計画」の誕生。

こうした時間の認識に伴って、生と死が明確に意識化され、自分も他者も限られた存在であることを知り、どう生きるべきかを考え始める。つまり「価値観」の誕生だ。

やがて言葉を音から形に変換する「文字」が発明され、情報伝達が時空間を越えて行えるようになる。

人間は本能という面では弱い。しかし他の生命体が、情報伝達のほとんどをDNA内の遺伝子プログラムに委ねるしかなく、プログラムの突然変異という偶然に進化を委ねるしかない中で、僕たち人間だけが「言語」という、情報を「遺伝」させると同時に身の回りの環境を「進化」させる、全く新しいシステムを手に入れたのだ。人間がもし言語によるコミュニケーションをより良く進化させることができれば、地球の環境変化という危機をも、乗り越えられるかも知れない。だからこそ、僕らは本当に「言葉」としっかり向き合わなければいけない。

言葉の目的を見失うことは、考える力を放棄するのと同じ

しかし現実はどうだろう。人類は言葉という圧倒的な力を手にして地球上で一人勝ちのような状態になってしまうと、「考える力」を持つことの価値も意味も危険性も振り返らなくなり、むしろ地球にとっての脅威に過ぎない

存在になりかけている。人間同士の間でも、言葉による諍《いさか》いや暴力は無くならず、言葉によって様々な差別が増幅され、憎しみ合いや殺し合いや戦争を続けている。

言葉の目的を見失うことは、考える力を放棄するのと同じだ。それで本当に大切なものが手に入るはずもない。それはちょうど、自分に備わっている遺伝子が異常をきたして悪性腫瘍《しゅよう》を生み出しているようなものだ。放置しておけば死に至るのは目に見えている。

だが逆にもし君が世の中に耳をすまして、多くの人には聞こえない、あるいは聞こえないふりをしている音や声や悲鳴があることに気づくことができ、退屈な日常に流されたり、不満や問題から目をそらしたりするのを止め、正しく言葉を使うことで新しい可能性を提示することができたら、君は君の人生の流れを悪くしている今の社会や職場の規定や規制から脱出できるばかりか、周りが君を必要とし、君に期待し、君が社会の流れをつくる側に立つことができるだろう。

君がまずすべきことは何か？

知識の量こそ発想の原点だ

そのために、まず君がすべきことは何だろう？　それは「能《あた》うかぎり広範な知識を得る努力」だ。知識は、特に日本のような先進国では、自分の努力次第でいくらでも手に入る。言い換えれば、そんな恵まれた環境にいながらそれをしないのは怠惰でしかない。

なぜ知識が必要なのかと言えば、それが君の人生や社会をデザインする上で、新しい「発想」を生み出す栄養分になるからだ。アイデアや発想が出ないことに嘆いている人は少なくないが、そういう人は決まって知識の幅が狭い。物事を新しい視点で瞬時につなげて斬新な発想を生むような、知識の守備範囲が足りないのだ。

自慢になるけれど、僕はアイデアに詰まったことがない。何故かアイデアだけはいくらでも湧き出てくるので、発想力のことで苦しんでいる人にどうアドバイスしてあげればいいのか、昔は分からなかった。そしてそれが自分の知識量と関係しているという自覚もかつてはなかった。

ところが大学の新しいデザイン学部を構想する際、発想力をつけさせるような教育が絶対に必要だと考えていたので、そうした書籍を何冊か読んでみた。正直ピンとくるものは一冊もなかったが、一つ気づいたことは、どの本も最終的に「発想力は知識の量で決まる」と結論づけていることだった。そして確かにそうだと思った。テクニックとしての発想法は理解できたとしても、それ以前に知識がなければリアルな想像ができないのだから、現実には発想など生まれようもない。知識の量こそが発想の原点なのだ。

だから本を読むでもいい。講演を聞きに行くのもいいだろう。僕のオススメは、オンデマンドでＮＨＫスペシャルのような科学番組や歴史番組なんかを貪《むさぼ》るように見ることだ。映像があるから印象に残りやすいし、よく分からなくなったら何回でも見直せる。大事なのは、これはと思うポイントについてしっかりメモを残しておくことだ。そして驚いた内容はどんどん友人に話そう。話すことで知識が定着するし、相手の知識まで増えるのだから。これがまず、君の人生を豊かにする第一歩だ。

知識は「つながり」がなければ意味を持たない

しかし単に「知識」でいいのだろうか？　よく「知識は考えるための引き出しだ」と言われる。それ自体は間違っていないだろうが、「引き出し」と「発想力」は全然違う。引き出しなんていくつあっても別々に整頓しているだけなら意味はない。それは知識ではなく「雑学」に過ぎない。雑学はダメだ。

知識は「つながり」がなければ意味を持たない。雑学ではない知識、つながりを持つ知識。知識という知識が結びつき、成長し続ける生命体のようになって、初めて大きな視野が得られ、そこから新しい発想が生まれたり、可能性の発見に結びつくのだ。知識は結びつけば結びつくほど面白くなるし、自分の考え方の深まりを実感できるので、ますます世界や社会に対する好奇心や関心が高まる。

いや、むしろ順番は逆だ。ある知識を自分のものにできている人は、何かの理由でその分野に強い関心がある人だ。関心もないのに一夜漬けのようなやり方で何かを覚えたところで定着するはずもない。だから知識より本当は「関心」が先だ。そして問題はその関心がどちらを向いているかだ。

例えば花の名前を全て漢字で書ける、とか、円周率を１００桁覚えるなんていうのはほとんど意味がない。その知識がその先、何にもつながらないからだ。せいぜい何かのクイズ番組に出るときくらいしか役に立たないだろう。それと人間や社会や環境、自然界や宇宙の成り立ちに対する関心とはまったく違う。前者はただの雑学、後者は自分と自分を取り巻く世界とのつながりに対する視線だ。

自分と世界との関係について、その真実を探求し発見したいという思いからしか、つながりのある知識は生まれない。そして何故そちらは定着しやすいのかと言えば、つながりは必然的に言語によるストーリーを生み出すからだ。そのストーリーがまた次に得た知識へと接続されていくとき、知識は樹木のように、流れを伴って成長していくというわけだ。

筋トレのように脳を鍛えよう

若い頃には、筋トレのように、脳になるべく負荷をかけて鍛えたほうがいい。それには教養書レベルでも構わないから、哲学の本とか科学の本とか、とにかくちょっとハードルの高い本を読むのがいい。あるいは頭を使うパズルの本もいいだろう。難しい数学の問題を解きまくるなんていうのも大賛成だ。

近年の研究で、脳細胞は年齢にかかわらず新しく生まれることが分かってきたが、脳細胞同士のつながりを作る力は弱くなることも分かっている。だから年齢とともに脳は衰える。ところが脳に負荷をかけることで、一つ一つの脳細胞の先端のシナプスと呼ばれる小枝のような分岐が増える。シナプスを増やすトレーニングを日頃からしているかしていないかで、中高年になり脳細胞が衰えてきたときに、脳内の情報伝達の網目の複雑性をキープできるかどうかが変わってくる。脳内のキャパがなければ、せっかく関心があっても、知識を収納することも活用することもできない。だから本当に筋トレのようなイメージで、若いうちに脳を鍛えよう。鍛えれば、脳はちゃんと強くなってくれる。

無関心な人間は人生をデザインできない

自分の人生を豊かにデザインするには、まず世の中に対する「関心」がないと始まらないということを、別の角度からも話しておきたい。関心が強い人と無関心な人、その違いは何か、それが何を意味するのかについてだ。

「デザイン（de・sign）」の語源でやったように、これも英単語から考えていくと意外なことに気がつく。日本語の関心と無関心は「無」のあるなしに過ぎないが、英語ではまったくスペルが違う。「関心」は英語で「インタレスト（interest）」。「interesting」の名詞形だ。前半に「間」を意味する「インター」がついている。要するに「関心（inter・est）」とは「自分との間のつながりを感じること」だ。だがこれについては、わざわざ英語を取り上げるまでもないだろう。

問題は「無関心」のほうだ。「無関心」は英語で「indifference」。出だしの「in」は「無」とか「不」を表す接頭辞。そして後半の「difference」とは「差異」。「different」の名詞形だ。だから「無関心＝in・difference」とは「差異を感じないこと」だと分かる。

つまり物事に無関心な人とは、そこに違いが生じていても気づけない、気づこうとしない人間のことだ。すでに話したように、情報は差異からしか生まれないのだから、それは「情報に気づこうとしない」のと同じだ。「情報感知力を失った人間」のことだ。当然、機会を見逃してしまい周りが何かしてくれるのを待っているだけになる。

自分では何も変われず、自らを進化させられない。するとどうなるか。自分は変わらなくとも周りの環境や社会は必ず変化する。進化を止めた生物が地球環境の変化で絶滅していったように、あるいは人数が多くて意思決定が進まない「大企業病」という言葉があるように、生物も人間も企業も全て、自らそのデザインを変化させ進化させ続けない限り存続できない。従って「社会的無関心」とは自動的に「社会的に絶滅する種」だということを意味している。

そして進化とは「流れを良くする仕組み＝デザイン」のことなのだから、無関心な人間とは「デザイン能力のない人間」のことだ。差異から情報を得て新しい流れをデザインすることができずに、結局のところ美も幸せも生み出せない人。「無・関心（in・difference）」それはまさに「不・幸」のことに他ならない。

無関心を装っている人は、すでに自分を諦めているか自分に嘘をついているだけだ。いくら無関心を装ったところで結局は他人と社会に関わらずに生きていけるはずがない。その上、ボーっとしていたら組織や社会は君を飼い慣らそうとし、どんどん君の人生を規定し侵食してくる。ヘタをしたら君は、組織や社会にとっていつでも交換可能なただのコマとして一生を終えることになるだろう。

しかしその社会を作っているのも同じ人間であり、本来君は対等であるはずだ。しかも組織も社会も進化し続けない限り存続できないということは、常に現在の状態は、共同生活の仕組みとデザインの無限の可能性の一つでしかなく、いくらでも変わっていくし、変えられるということだ。だから人生を自ら無用なものにしないために、君はデザインの力を身につけなければいけない。

未来のデザインにまず必要なのは、思考力と表現力

全てを結びつけ、ひと連なりにするのが、デザインの役割だ。そして周りの人や社会のために、君自身が考え抜き、新しい仕組みを発見し提案することだけが、君自身の価値を高めることへとつながる。「デザイン」は君のための言葉だ。これまでデザインは、ファッションだとかプロダクトだとか、限られた特定分野、言い換えれば「閉ざされた狭い領域」のための言葉だった。しかしもう時代は変わる。これからの時代は違う。今求められているのはそうした領域を横断し結びつけたり、あるいはそれを超えていく能力だ。そんなことができるのだろうか？　僕は2つの理由でそれは可能だと信じている。

1つ目の理由は、デザインの本質が形や色などではなく「仕組み」だから

だ。デザインの基本的な仕組みを理解してしまえば、実はどの分野だろうとほとんど変わらず、いくらでも応用が利く。書類やスライドのデザインの話を思い出してほしい。そこで話した間《ま》のとり方とグルーピング、ムダな装飾の排除、効果的な強調の仕方、相手の負担を軽くしたり飽きさせない方法。このセットはただ資料の作り方のためにあるわけじゃない。僕自身、全く同じ原理を空間のデザインにも、コミュニケーションのデザインにも、組織の改革にも、ずっと応用し続けてきたのだ。もう一度言おう。間《ま》を極め、要素間の関係を最適化する。これだけでいい。

2つ目の理由は、君は一人ではないからだ。デザインが人や物資や情報などの、つながりと流れをより良くするための仕組みづくりである以上、それは誰にとっても幸せにつながる。ということは、当然すべての人が達成すべき課題ということになる。だから一人でやろうと思わなくとも、人とのつながりを常に意識して大切にすれば、それは最終的に社会全体へとつながる。閉じこもることを拒否し、他人と協働することで、君は自然に世界に近づくだろう。考えてみるとそれも、蜂のような昆虫の社会を見れば当たり前にやっていることだ。

君がまず手に入れる必要があるのは、職場の安定や金銭や休暇の保証じゃない。そんなのは後の話だ。手に入れなければいけないのは「自分と社会の未来をデザインする力」だ。そのためには、脳を鍛え、知識を蓄え、論理的に思考する力、そして自分の考えを正しく伝える力が絶対に欠かせない。そしてそのどちらもが、人間だけが獲得した「言葉」にかかっている。

今はまだ文章や人前での話が苦手でも構わない。ただしやはりそれは克服しないといけない。言葉がうまく使えない、論理的に話せないというのは、そもそもの「思考力がない」ことを証明してしまうからだ。それではサルに逆戻りだ。

言葉がなければ「考える」ことはできない。話し方が下手だったり、メールの文章が雑だったり、誤字脱字の多い人ははっきり言ってかなりいる。こういう人は決まって日常の仕事でも精緻さに欠け、同じ程度に間抜けなポカをやらかす。理由は簡単。言葉がきちんと使えないかぎり、筋道立った思考をするのは不可能だからだ。

言語能力は思考能力に直結する。そして思考能力は仕事の遂行能力に直結する。人の仕事の能力は、その人の文章を読むだけで分かる。文章のミスの確率は、仕事上のミスの確率と驚くほど同じだ。誤字脱字や文章の雑さは、その人間の思考の欠如そのものの現れだ。僕にサル呼ばわりされたくなければ、絶対に克服しなければならない。今はまだ十分でなくとも、若いうちはいくらでも巻き返せる。反対に今やらなければ手遅れになるだろう。

君は、自分のためにも、社会のためにも、人に伝える、人に伝わる言葉を持たなければならない。だから次章では、言葉の使い方をどうデザインすればいいのか、それを考えてみよう。

第2章

企画提案力　改造計画

人前で話をするのが苦手な人の3タイプ

ルーシーの悲劇

僕自身はもともとしゃべるのが好きだし、何より人から質問をされるのが大好きだ。自分や自分のしてきたことに関心を持ってもらえて、それを人に話すときくらい楽しいことはない。講義や講演では聴衆が多ければ多いほど嬉しくなる。

ところが僕の妻は逆で、人前で話をするのがどうにも苦手だと言う。勤め先の会社で数カ月に1回、朝礼で何かちょっとしたスピーチをする順番が回ってくるらしいのだが、そのたびに何を話したらいいのか困り果てている。スピーチに困るなんて僕からすると不思議で仕方がないのだが、きっと妻のような人は本当にたくさんいると思う。

そしてこんな話になると、僕は決まって小学生のときのクラスメートのことを思い出す。彼は「ルーシー」という、普通は女の子につけるニックネームで呼ばれていた。小柄なとびきり機転の利くクラスの人気者で、面白い情報もいろいろ知っていたから、一緒にいるだけでとにかく楽しかった。

ところがそんなルーシーが、授業中にみんなの前へ出て何かの発表をさせられると、顔面蒼白となって震え出し、ひとことも話せずに泣きじゃくってしまうのだ。快活なルーシーがそんなバカなと、あまりのギャップが受け止められず、一番好きな友だちの気の毒な姿にこちらが凍りついた。今でもその光景は忘れられない。そしてそのときの僕は何もしてあげられなかった。

人前で話すことの苦手意識を克服すべき理由

ルーシーほどではないにせよ、大学入試の面接や、新入生のレポートの中でも「自分は人前で話すことが苦手で」という表現はよく出てくる。そしてきっとルーシーのことがあったからだろう、僕はそこから絶対に救い出さなければと思うようになった。それにはいくつかの理由がある。

第1に、彼らも人前で話すこと自体をつまらないなどと思っているわけではなく、もっとうまく話せたらとか、なんとか克服しなければと本当に苦しんでいるからだ。第2に、特にプレゼンテーションに関しては、簡単なルールを身につけるだけで、誰でも格段に上手くなれるからだ。プレゼンが苦手だとすれば、何でもないその方法を教えてくれる人にこれまで出会えなかったからにすぎない。

しかしもっと大きな理由は、もし君に本当に素晴らしいアイデアが浮かんだのに、説明やプレゼンの仕方が良くなかったがためにボツになるとしたら、それは君だけでなく社会の損失になってしまうからだ。そして何より、プレゼンこそ、僕が一番得意で、自分の人生をワクワクできるものにしているのだし、今それにコンプレックスや苦痛を感じている人と僕の間に、越えられない隔たりなどないことを知っているからだ。

言うまでもないが、みんなが同じである必要など全くないから、別にプレゼンが超得意になる必要もない。しかしせめてもう少し上手ければと君が考えているとしたら、その望みはあっという間に叶うだろう。ただし、プレゼンや人前での話が苦手な人にもいくつかの異なるタイプがあるので、まずそれを整理しておきたい。

話が苦手なタイプＡ

１つ目のタイプは、本人に対人恐怖症的な傾向があって、人と目を合わせてコミュニケーションすること自体が辛《つら》いという人だ。個人的な性格の要因が大きいから、確かに克服するには他の人より勇気がいるだろう。だがそれでは人前でのプレゼンなど到底無理かといえば、全くそんなことはない。

もし君がそのタイプだと思うとしたら、次のことを信じてもらいたい。君は間違いなく、普通の人より感受性が鋭くて敏感な人だ。だから他の人にとって気にならないようなことまで気になったり、怖くなったり、つい深読みしてしまう。しかしそれはむしろ一つの素晴らしい才能だ。そしてもう一つ、多くの人は日常の会話能力の延長にプレゼンの技術があると思っているようだが、それは全然違う。そもそもプレゼンは「会話」ではない。会話能力の延長ならルーシーの悲劇は起こるはずがない。

僕は実際にこのタイプの学生を見てきた。入学時には、周りの人とも話せない自分にプレゼンなどとても無理だ、と本人も考えている。ところがそういう学生のほうが、むしろ他の学生よりもプレゼン技術の向上が速い。理由は簡単だ。いくら苦手意識が高かろうが、もともと感受性が鋭いから大切なポイントを飲み込むのが速いし、小さなことを見逃さないので、提案に至る前の分析が丁寧で、内容に説得力があるからだ。

こういう人は表情やジェスチャー豊かなプレゼンをするわけでもないし、プレゼンが上手くなることで人に気さくに話しかけるようになるわけでもない。繰り返すがプレゼンは会話ではない。内容がしっかりしているかどうか、そして話し方のルールが分かっているかどうかだ。それさえ守れていればプレゼンは成功し、君は人からも社会からも必要とされるようになる。しかも普通の人とは違うタイプだけに、意識していなくても、オリジナルのスタイルすら感じさせるようになるのだ。だから決して自ら諦める必要などない。

話が苦手なタイプB

2つ目のタイプは「人前で何を話せばいいか分からない」という人だ。妻はよく僕に「いいなあ、話せる話題がいっぱいあって」と言うのだが、朝礼のとき何を話していいか困っていたりするのがまさにこれに当たる。

ここで注意したいのだが、会社は何故朝礼で話をさせようとするのだろうか？　人前でする「話」は2種類に分かれる。小話的な「トピック」と、新しい企画などの「提案」だ。朝礼で社員に話させているのはおそらくトピックで、それが社員同士の親睦につながるのかも知れないし、必ずしも悪いとは言わない。だがもし会社が、そうすることで社員のプレゼンの上達につながるのだと思っているとしたら、それは根本的に間違っている。言うまでもなく、プレゼンは「提案」であり、トピックとは全然違う。だがまずは、君が人前で話すトピックに悩んでいるといけないので、それを解消するヒントを話しておこう。

トピックとは簡単に言えば、人から「へええ」と驚いてもらえる話のことだ。と言うことは、まず自分自身が驚いたことを、そのまま話せばいいだけだ。ただしいくら驚いた話といっても「知らないうちに隣の住人が変わっていた」なんて個人的な話をしても人は興味を示さないし、昨日テレビで見て驚いたことを話したところで、大抵は周りも知っているだろう。

もし君に、そうしたこと以外に話すことがないとしたら、それは日々の生活の中での驚きや感動の発生を、周りから与えられる偶然に頼っているからだ。驚きや感動は、本当はいくらでも自分から取りに行くことができる。誰でも知っているようなことでいい。それについて「どうしてなんだろう？」とか「いつできたんだろう？」といったように、その成り立ちや仕組みを考えてみると、実は知らないことだらけのはずだ。

天気のいい日の空はどうして青く見えるのだろう？　ドレミファソラシドは、どうして、そしていつからドレミファソラシドという名前がついたのだろう？　もちろん今の僕は答えられるが、その答えを最初に知ったときは

「へええ!」の連続だった。ぜひ君自身で調べてみるといい。

今日では書籍だけでなく、ネットでも情報が簡単に得られるし、オンデマンドで過去の関連番組などもすぐに見ることができる。そんなことを繰り返すだけで、トピックに困るどころか人に教えたくてたまらない知識はどんどん増える。しかもそれが前章で話した、新しい発想や提案の栄養分にもなるのだから、やらない手はない。

僕の大学での講義は、学生にとって驚きに満ちているはずだ。なぜなら、その内容の多くは、実際に過去に自分自身が驚いたり感動したことで成り立っているからだ。あとは自分がその驚きにたどり着いた道筋をトレースすれば、トピックとして成立してしまう。自分にトピックがないと苦しんでいる人は、ぜひ試してみよう。

話が苦手なタイプC

最後の3つ目のタイプだが、とにかく説明のヘタな人というのがいる。つまり言葉を組み立てられない人だ。その場合の一番の問題は、説明がヘタだということに、そもそも本人が気づいているかどうかだ。ただもし気づけているのなら、ひとまず後述する「CREC法」という話し方のルールを実践してみるといい。それを繰り返すだけで、説明の組み立ての順番が身についてて、大して苦労もなく、相手に分かりやすい話し方ができるようになるだろう。

だがさらにやっかいなのは、それとは別の意味で「説明のヘタ」な人だ。やたらに難しい単語や専門用語を使いたがるタイプ。そんなことをしたら結局周りの人は理解できないのだから何の意味もないのだが、この手の人種は、言葉を使う目的をハナから勘違いしていて、難しい用語を使うことで自分を偉く見せられると思っているのだ。

　まあこのあたりはキャリアの問題もあって、経歴的に中途半端でまだ本当の自信がない人が、こうした状態に陥る場合が多い。実は僕も昔はそうだった。だが本当にすごい人、頭のいい人は、決してそんなことはしない。むしろどんなに難しい内容の話でも、それを誰にでも分かる言葉で話すことができる。もしそんな人に出会えたら、ぜひその人の話し方、言葉の使い方をお手本にして、自分でも真似をしてみるといい。間違っても難しい用語を振り回すような人間の真似だけはしてはいけない。

人前で緊張してしまうことについて

僕はいつも緊張する

これまでの話とは別に「人前で話すときにすごく緊張してしまう。緊張しないようにするにはどうすればいいのですか？」という質問をよく受ける。

しかしそれは質問自体がおかしい。

プレゼンや講演の後で「西本さんはどんな時も緊張しないんですね」なんて言われるのだが、思い違いも甚だしい。バリバリに緊張している。正直自分は普通の人以上に緊張しやすいタイプだとすら思っている。

かなり以前、有名な報道番組のキャスターをされていた大学の教授で、いつも穏やかで落ち着いて見える方が「私は今でも授業をする前に少し緊張します」と言っているのを聞いてホッとさせられたことがある。僕も全く同じだからだ。一度教壇に立ってしまうと逆に平気なのだが、毎年やっている講義、それも僕をリスペクトしてくれている学生たちの前に向かうときですら緊張する。

何故だろうと考えて分かったのだが、僕は授業を自分のパフォーマンスだと思っているのだ。学生たちはそれを見にきてくれる大切な観客だ。だからもし今日、教室の扉を開けてガラガラだったらどうしようとか、今回も最高のパフォーマンスができるだろうかとか、実は心配でしょうがない。たぶん本番直前の舞台裏の芸人さんの気持ちとそっくりなのではないだろうか。

緊張がパニックになるか集中力になるかだけの違い

人前で話すとき僕が緊張して見えないとしたら、それはまず、話すこと自体は好きなために必然的にそうした機会が他の人より多くて場慣れしているからだろう。だからと言って緊張なんてなくならない。それに緊張感もない話なんて、内容のない話と言っているのと同じ。聞いてもらうにも値しないだろう。

人前で「堂々と」話をできるようにするには、緊張しないようにしなければいけないと思っている人が多いが、それは間違っている。緊張がパニックに向かってしまうか、集中力に変わるかだけの違いだ。それが「緊張を克服する」ということだ。

だから大学の授業で学生たちにプレゼンをさせるときにも、僕は「自信を持って行け」とは言うが絶対に「緊張しないで行こう」なんて言わない。そして学生から「緊張を集中力に変えるにはどうすればいいんですか」と聞かれると、いつも「それは修羅場の数の問題だ」と答える。すると「えー！　それじゃ自分なんて無理じゃないですかぁ」などと言ってくるから思わず笑ってしまい、「何を言ってるんだ。この授業だけでもさんざん修羅場を味わわせてるじゃないか」と答える。

そういう意味で、僕のプレゼン関係の授業は本当に厳しいと思う。故意に、なるべくプレッシャーをかけて緊張させるようにしているからだ。でも誰だって人前で恥はかきたくないものだ。だから学生たちは必死にもがいてその難局を乗り切るしかなくなる。そうした積み重ねを繰り返すうちに、緊張しなくなるのではなく、緊張する自分に慣れていき、緊張が当たり前になり、それを集中力に変えられるようになるのだ。

もう一つ、もしこれをテクニックというのなら、僕は緊張して見えないための、あるテクニックを使っていることになる。ふと気づいたのだが、講演などの前に、例によって緊張している自分に気づくと、僕はそのカッコ悪い自分につい笑ってしまう癖がある。そのせいで勝手に口角が上がって、周りから見ると穏やかな笑顔に見えるらしいのだ。

しかも人間の脳は、身体に命令を送るのとは反対に、身体の動きに操られることがある。口角を上げる筋肉が働くと、脳がそれを楽しい状態だと勘違いして、快楽物質を分泌してしまうのだ。それがプレゼンに対する前向きな気持ちの手助けになっている可能性は高い。もちろんそんなのは意識してやっていたことではないが、君も意識的に試してみる価値はあるだろう。

緊張するのは一生懸命な証拠

いずれにせよ、緊張など無くならない。それに緊張するのは一生懸命な証拠だ。ゆえにそれはプレゼンする相手に対しても、まずもって失礼なはずがない。だから大事なのは、絶対にそこから逃げ出さないことだけだ。

僕は毎年のように素晴らしい実例を見ている。あるとき、プレゼンの仕方を教える授業のごく初期段階で、一人の女子学生が僕のところに来て、「みんなすごいのに、私だけレベルが低くて、とてもついていけそうになくて」と言ってポロポロ泣き出した。僕はそれに対して「はあ？　君が何を言っているのか全然分かりません」と答えた。

その後も緊張と恐怖で、その学生はプレゼンのたびに多くの同級生たちの前で泣いた。それでも僕はおかまいなしに、まだ改良すべき点を指摘し続けるものだから、教室全体も緊張で静まり返る。情け容赦ないとはこのことだ。そして僕は全員に向かって言った。「泣くことなんて少しも悪くない。なぜ泣くのか？　必死だからだ。必死にやっている人間を馬鹿にする者など絶対にいない！」

その後その女子学生はどうなっただろう？　自分には能力がないと思っているから、彼女は自分へのアドバイスばかりか、他の学生に対するアドバイスも自分ごととして懸命に実践し続けた。そしてわずかその数カ月後、僕自身が彼女をクラスのプレゼン代表に選んでいた。その急成長にはさすがに僕も驚いたが、一番驚いたのは、おそらく本人だろう。彼女はその半年後の、もっと厳しいプレゼンの授業でも自らプレゼンターを買って出るようになり、いよいよ就活が近づいたさらに半年後、企業のインターンシップで、担当者から一番プレゼンがうまいと言われたそうだ。そして結局、第1志望の超一流企業から内定をもらうことになる。

それで彼女は緊張しなくなったのか？　絶対にそんなことはないはずだ。僕だって未《いま》だに緊張するのはイヤだ。ところがどういうわけか心のどこかでそれが病みつきになってきて、またあれを味わいたいと思うようになる。そうなったらしめたものだ。自ら修羅場の数を増やすようになるわけだから、あとは放っておいてもプレゼンは上達してしまうのだ。

素晴らしい例をもう一つ挙げておこう。10年ほど前、複数の大学合同でのプレゼンイベントがあった。そのとき、他の大学のグループで、すごいプレゼンをした学生がいた。力強く表情も豊か、立て板に水のごとく企画案を語る姿は、誰が見てもダントツ一番だった。どれだけプレゼン慣れしているのだろうと驚くほどで、僕は是非その彼に賞賛を贈りたくなって、プレゼン直後に学生たちの控え室に向かった。そこで何を見たか？　あれほど自信に満ちて見えたその学生が、責任を果たした安堵《あんど》と緊張からの解放で崩れ落ちかけ、青ざめた顔で仲間たちに両脇を抱えられていたのだ。僕は心の底から感動した。その学生の名前すら知らないが、10年後の今、きっと彼は社会で大活躍しているに違いない。

プレゼンとは相手への「プレゼント」だ

プレゼンテーションは「説明」ではない

改めて、プレゼンテーションとは何だろう？　今では僕は「プレゼンのエキスパート」のような立場になっていて、最近は特に高校生を対象としたプレゼン講座の依頼が増えている。それが学外のイベント会場だったりすると、高校生の後ろで多くの大人たちが、その講座を立ち見で一緒に受けている姿が見られる。若い人から社会人まで、プレゼンの重要性への認識がいかに浸透しているかが分かる。

しかし僕自身がプレゼンという言葉を知ったり、使い始めたりしたのがいつなのか、まるで記憶がない。僕らの学生時代に、そんな言葉を一度でも使っただろうか？　少なくともプレゼンの仕方を教わったことなど全くないし、本も読んだことがない。つまり「独学」すらしたことがなく、経験の中で知らないうちに身についていただけのものが、いつの間にか人から必要とされるようになっていた。

言い換えると、多くの大人たちもプレゼンテーションを学びたがっているのは、昔の僕と同じように、若い頃にそれを教えてもらったことがなく、社会で必要なことは分かっていても、実際にどうすればいいのか分からないからだ。なぜ教えてもらえなかったのかといえば、教えられる人自体がいなかったから。

そして今もきっとその状態は続いている。高校の先生たちも本当は困っているのではないだろうか。生徒たちに教えようにも、自分がそのノウハウを持っていない。それでもなんとかしなければと、いろいろ考えて工夫しているはずだ。しかし申し訳ないが、僕からみるとそのやり方、教え方は根本的に的外れに見える。高校の先生などが「プレゼン」だと思って教えているのは、おそらく「説明」の仕方だ。説明は「explanation」であってプレゼンテーション「presentation」ではない。この間違いが起こる一番の理由は、高校の先生のほとんどに、企業やフリーランスでの実務経験がないことだ。

プレゼンは勝たなければ何の意味もない

僕はひょんなことから大学教員になったのだが、別にそれを目指していたわけではない。大学院修了後、10年ちょっとデザイン系の企業に勤め、その後独立してフリーランスとなり、大学の専任教員になってからも実務を続けてきた。企業やフリーランスでのプレゼンは命がけだ。殊にコンペが伴う場合、採用されるのは1社だけだから、負ければそれまでの努力は水の泡だし、収入も得られない。プランをただ「説明」したところで、勝たなければ何の意味もないわけだ。だから限界まで頭を使って作戦を立てる。そして僕はラッキーなことに、これまで参加したプレゼンで一度も負けたことがない。

だが当初は不思議だった。確かにプランには自信があっても、プレゼンに関してはただ自己流でやっているわけだから、自分では何か特別なことをしている覚えはない。ところがあるとき、有名企業の担当者の方に、「西本さんのプレゼンを大学生に例えると、他の企業のプレゼンは小学生かせいぜい中学生だ」と言われて、逆にこちらが驚いてしまった。

そしてその辺りから、一体何が違うのだろうと考えるようになり、自分のやり方を他の人のしているプレゼンと比較してみると、すぐに、ごく単純で、しかも決定的な違いがあることに気づいた。これまた申し訳ない言い方になるが、何しろ他の人のプレゼンは「びっくりするほど」つまらなかった。というか、それはプレゼンではなかった。なるほどこれなら勝ってしまうはずだ。僕のプレゼン技術が高いのではない。やっていることがハナから違うのだ。

「プレゼンテーション」は「プレゼント」と語源が同じ

ではプレゼンテーションとは何か？　繰り返すがプレゼンは説明でも解説でもない。プレゼンの準備をするときには、たった一つのことを意識し続けるだけでいい。それは、プレゼンテーション（presentation）はプレゼント（present）と同じ語源だということだ。「pre」とは「前へ」という意味、「sent」は「send」の変形で「送る＝贈る」の意味。まさに「贈り物」。

プレゼンテーションとは、相手への贈り物だ。もしプレゼンテーションをどうすればいいか迷ったり、分からなくなったら、誰かにプレゼントをするとき、何が大切か、どんなことをするかを思い出せばいいだけだ。

大好きな友だちの誕生日プレゼントを準備するとしよう。君はどんなことを考えるだろうか？　自分の好みなんて基本的には関係ない。相手の性格や趣味などに思いをめぐらして、絶対に喜んでもらえるものを見つけようと思うはずだ。自分がその友人のことを一番理解していることを証明してみせるような何かを、懸命に探すはずだ。

プレゼントを渡すタイミングだって考えるだろう。自分が選んできたものを見て、相手が声をあげて喜んでくれる姿を思い描き、君自身もドキドキしながら。プレゼンテーションもこれと全く同じだ。だからプレゼンは決して「説明」などではない。

相手に喜んでもらいたいという一念で組み立てる

プレゼンをするというからには、何かの企画案があるはずだが、まずもってその内容自体が、本当にプレゼンをする「相手のため」だけを考えた結果でなければならない。そのプランが驚きと感動に満ちたものでなければ、プレゼン自体する意味がない。驚きと感動に満ちたプランであるかどうかは、プレゼン以前に自分が分かっているはずだ。君自身がワクワクしていて、早く見せたくてしょうがない、というのでなければ相手へのプレゼントなどにはならない。

だからいつも、相手に喜んでもらいたいという一念で企画案を作り、相手に楽しんでほしいという一念でプレゼンを組み立てよう。真剣な提案内容の中にも、必ずサプライズを盛り込み、プレゼンの中で必ず笑いを取れるようなエピソードも準備しよう。

相手からしたら、いくら自分が依頼した仕事だとしても、君のプレゼンを聞くために時間を割くときには、どこか「面倒だな」という気持ちがあるはずだ。そんな気持ちを払拭《ふっしょく》させて、プレゼンが終わったときに「すごかった」「楽しかった」と感じてもらえるようにすることが、君の最低限の義務だ。それによって相手が君と仕事してみたいと考えてくれるかどうかだ。

どんなにいいプランでも、それが実現に至るまでにはブラッシュアップや細かい修正が必要であり、その間に何回もの打ち合わせがある。相手がそれを考えたとき、この人となら、プランをさらに完璧なものにするためのポジティブで活気のあるコミュニケーションを取れるはずだと感じてもらうこと。そう、コミュニケーションのデザインだ。

相手が君の企画内容を実際に世の中に出そうと動いてくれるかは、実はプラン以上に君の人間性にかかっている。逆に言えばいくらプランが優れて見えても、プライドばかり高そうに見えたり、少し否定するだけで嫌な顔をするような器の小さな人間に見えたり、自分のプランに固執して臨機応変な融通を利かせてくれなさそうに思えたら、その人を選ぶのは躊躇《ちゅうちょ》するだろう。誰だってわざわざ仕事で精神面のストレスを増やすような面倒を抱え込みたくないからだ。プレゼンのテクニック以前に、必ず君の人間力が問われるのだ。

プレゼンテーションで自分と相手との絆を強める

大事なのは相手を「感・動」させること

僕は、大学の授業やプレゼン講座などで、プレゼンテーションで一番大事なのは相手を「感動」させることだと伝えている。この言葉の意味をしっかり理解してほしい。

「感・動」とは「感じて・動くこと」。つまりただ感じてもらえばいいのではなく、それで相手を動かさなければいけないということだ。プランを理解したり、面白がってもらうだけでは意味などない。よし、それを実行しよう、それに資金を出そうと相手が動いてくれなければ、そのプレゼンは失敗だ。

逆説的に言えば、本来一番すごいプレゼンとは「最後まで聞いてもらえないプレゼン」のはずだ。その意味が分かるだろうか？　僕は大学の系列校である明星高校でも、1年生に「プレゼンスキルアップ講座」という3回シリーズの講座を毎年している。少し前まで中学生だった生徒たちに、まずはプレゼンを好きになってもらいたいので、自分が一番好きな映画やアニメを選んでその魅力をプレゼンしてもらう、というのが課題だ。第1回で生徒も先生も僕の講座を聞き、その後各クラスに戻って第2回以降の実際のプレゼンに備える。

ところがこの講座を始めた頃は、担任自体が僕の講座の意味を理解していないクラスもあって、その指導を受けてしまうと、生徒はたいてい選んだ映画などのあらすじや登場人物の話などに終始して、僕から「それは説明であってプレゼンではない」と厳しいコメントを受けるハメになった。

逆にプレゼンの意味を本当に理解した生徒は、その映画やアニメを見なければ、人生大損するくらいのパワフルなプレゼンをしてくれる。するとなんだか途中でもう見たくてしょうがなくなって、むしろプレゼンが耳に入らなくなる。「頼む！　すぐレンタルしに行きたいから、もうプレゼン終了！」と僕に言わせたら、これこそ完全勝利だ。

プレゼンの目的は、必ずしも準備してきたことを全部伝えることではない。聞いているうちにドキドキしてきて居ても立ってもいられず、「君の言っていることで決定、即実行！」となることこそが、最高のゴールのはずだ。聞いてくれるかどうかではない。動いてくれるかどうかなのだ。

プレゼンテーションは双方向のコミュニケーション

プレゼンテーションとはプレゼント。だとすると、プレゼンテーションにはもう一つ別の重要な意味がある。友だちにプレゼントをするときの状況をもう一度考えてみよう。君の選んだプレゼントに相手がすごく喜んだとする。そのときさらにこう言われたらどうだろう。「さすがだよ！　お前らしいよ、このチョイス！」こんなに嬉しい言葉はないはずだ。

君にとってその相手が大切な友だちなのは、まず間違いなく、君に似ているからではなく、お互いがお互いの個性に惹《ひ》かれ合っているからだ。プレゼントされた側は、確かに自分が欲しかったものを手に入れる。だが、それが「君らしさ」をも見事に伴っていたとしたら。相手も自分の好きな君の魅力を再確認して、さらに君を信頼するようになるだろう。

プレゼントも、プレゼンテーションも、自分と相手との絆を強めるための行為だ。自分のあるべき姿と相手のあるべき姿とを、つなげる道を示す行為なのだ。プレゼンは一方通行のものではなく、それ自体が双方向のコミュニケーションになっていなければならない。仕事でも、こうした精神態度が根本にあれば、計画の実現に向かって、間違いなく一致団結して協働作業が進められる。

僕が自分の仕事に関して一番誇れることは、これまで出会った多くのクライアントや業者の人たちと、一回一回の仕事を超えて、その後もずっと信頼できる友人であり続けたり、家族ぐるみの付き合いをさせてもらっていたりすることだ。

今にして思うと、プレゼンを通して実現したプロジェクトでも、自分の経験値の足りなさや未熟さから、見抜ききれなかったリスクなどがあって、現場で自分でも「しまった！」と思ったことは何回かあった。しかし、明らかに僕のミスであるような場合ですら、クライアントが僕に責任を押し付けようとしたことなど一度としてない。むしろ僕に非難が及ばないように、見えないところで防波堤になってくれていたのだと思う。だからこそ、そんな時には純粋に、感謝と自分に対する悔しさが湧き上がり、次は絶対にリベンジという名の恩返しをすると心に決めて臨むことができるのだ。

プレゼンができないとどうなるか

人前での話やプレゼンに関して、ここまで話してきたことは、その方法ではなく心の持ち方ばかりだ。それはプレゼンの本来の意味や目的を勘違いした状態で技術やハウツーなどいくら覚えても、本末転倒になるだけだからだ。

しかし一方、いくら相手へのプレゼントのつもりであろうが、いかに画期的なアイデアであろうが、それを言葉で分かりやすく伝える方法を知らなければ、プレゼンは通らないし、そもそも相手が提案の魅力を正しく理解できるはずもない。それがどんなにもったいないことか、1つの実例で話そう。

僕は以前、大学の旧キャンパスのあった東京都青梅《おうめ》市で、市役所からの依頼を受けて、地域のものづくり支援として市の予算を振り分ける事業の審査員をしていたことがある。地元の中小企業のプレゼンテーションを聞き、自社製品や開発予定の商品の価値を複数の審査員で判定して、支援金額を決めるわけだ。

僕が審査員に選ばれた理由は、審査内容がデザインに関わる場合もあるからだが、他の審査員は様々な技術系分野の一流の専門家の方たちだった。特にそのときの審査員長は、技術系の学会の理事長などもされている、人柄もジェントルマンと呼ぶに相応しい方だった。

ところがその審査員長が、ある中小企業のプレゼンに対して、一度だけ声を荒げたことがあった。「応募するなら、もっとしっかりとしたプレゼンテーションをしなさい！」審査員たちは商品の性能などについての資料を見ながらプレゼンを聞く。確かにそのときのプレゼンは、僕には何を言っているのかさっぱり分からなかったが、それは自分がその分野に精通していないためだろうと思っていた。

だが実際には、プレゼンの仕方があまりにもひどくて、専門家にも話が全く理解できなかったわけだ。こうなってしまうと、審査員としてなんとか地元の中小企業を支援してあげたくても、製品の価値そのものが判断できないのだから、予算の充てがいようがない。結局この企業に対しては、予算配分無しという結果に終わった。

そのプレゼンをしたのは、かなり高齢の社長で、見るからに真面目一貫の技術屋といった感じの人だった。おそらく審査員長よりも年上だったろう。そんな年輩者が、審査員ばかりか一緒に来た自分の社員の目の前で叱責されるのだから面目も何もない。それだけでも気の毒だったが、さらに気の毒に思えたのは、しっかりしたプレゼンをしろと言われて、その社長が少し驚いてキョトンとしたような顔になり、「…そう、ですか」と答えたことだ。

何が悪いと言われているのか、どうすればいいのか、本当に彼には全然分からなかったのだろう。怠けるような人にはとても見えない。これまで日々真面目に努力して、懸命に商品開発してきたのだと思う。

だがそれでも、プレゼンがダメなら、ささやかな支援金すら得ることはできないのだ。審査員側にしたって、あげたくてもあげられない。そしてもっと恐ろしいのは、もしそれが本当に画期的な商品企画なのに開発費用が足りなくて断念せざるを得ないような状況だったとしたら、プレゼン力がなかったがために、アイデアごとこの世界から葬られるばかりか、世界も新しい可能性をみすみす失うことになってしまうということだ。そんな悲しいことが起きないようにするためにも、君にはしっかりしたプレゼン能力を身につけてほしい。だがそれは、簡単なルールを守るだけでできる。

CREC法を身につけよう

「論理的な話」の正体

その話し方のルールは「CREC法」と呼ばれる。ほとんどの人は知らないし、ネットなどで調べても、大抵は「ビジネススキル」として紹介されている。つまり、未だに社会人になって初めて教わるかどうかという状態が続いているということだ。だが、僕の講座を受けた高校1年生でも、すぐさま実践できているわけだし、正直中学生、いや小学校の高学年でも十分可能だと思う。そんなものを社会人になるまで先送りする理由などどこにもない。

「CREC」は、話の進め方の４つの順序を英語の頭文字で表している。

C＝Conclusion（結論）

R＝Reason（理由）

E＝Evidence（証拠・根拠）

C＝Conclusion（結論）

プレゼンテーションではこの順番を守って話をする。ただそれだけ。たったそれだけで、企画内容などが誰にでも分かりやすく伝わるようになる。プレゼンテーションでは、と言ったが、そうしたビジネスライクな状況でなく、単なる説明においても、CRECは基本であり、かつ絶対的な効力を持つ。言い換えればこれが「論理的な話」と言われるものの正体だ。

何かの計画や企画提案について、それに至った経緯や調査結果、具体的なプランの内容などを、とにかく思い出すままに書いたとしよう。言いたい内容はとりあえず全部含まれていたとする。しかしそれをそのまま話したら、自分は全部伝えたつもりでも、おそらく相手は、その内容を6割くらいしか理解できず、3割くらいしか記憶できないだろう。話の部分部分がバラバラに聞こえて、どこがどこに結びついているのか分からず、話全体の「形態」が捉えられないからだ。

例えて言うなら、何か一つの機械のあちこちの部分を撮影した写真をめちゃめちゃな順番で見せて、さてこれは何でしょうとクイズを出しているようなものだ。パーツは全て揃っていても、クイズとして成立してしまうくらい全体像が浮かんでこない。ところが本当に多くの人の説明の仕方はこんな感じになってしまっている。先に話した中小企業の社長のプレゼンというのが、まさにこの状態だった。

しかしその伝わりづらい文章をもう一度整理して、まずその「結論」、つまり、ここで何を伝えようとしているのかという「テーマ」にあたる部分を取り出して先頭に置き、次に何故それが必要だと考えたのかという「理由」にあたる部分を置く。さらにそれが客観的な分析に基づいていることを示すデータや、実現可能であることを示す具体案を「証拠」として提示し、最後に相手にしっかり覚えてもらうためにもう一度「結論」として今回の企画テーマの名前をあげながら、その採用について「ご検討お願いします」と結ぶ。このように並び替えるだけで、君の文章は見違えるほど分かりやすくなる。それも必ずなる。

質問の仕方や面接の答え方もCRECにする

僕の学部では「CREC法がいいよ」ではなく、論理的に話すためには「CREC法でなければならない」と伝え、1年生のうちから徹底的に繰り返させている。とんでもない回数だ。するとどうだろう。CRECが学生たちの頭の回路に内在化されてゆき、意識しなくてもCREC法で話をする習慣が身についてくる。

例えば、学生が廊下で質問をしてくるときなどでも、「先生、○○のやり方を教えてください（＝結論）。というのは、○○がうまくいかないんです（＝理由）。実際に○○や○○を試してみたけど、うまくいきません（＝証拠）。だから○○を知りたいんです（＝結論）」といった聞き方になっているので、質問内容が明確だ。こちらも何をしてあげればいいか瞬時に判断できるから、アドバイスも最短時間で済む。よって、お互いに無駄な時間がいっさい省けるし疲れない。質問の答えを得るといった小さなことでも、その目的に最短で到達できるということは、時間を最も有効に使えることを意味するのだから、結果として、同じ人生で得られるものの量も質も他の人より増やせることになる。

就職活動にも当然強い。面接の答えがCREC法で返ってくるわけだから、面接官からしたら「分かりやすい話し方をする人だな」と思うだろうし、そうした人材を優先的に採用するはずだ。社員として迎え入れれば、外に出すときにも得意先に同じ印象を与えられることが保証されているのだから。

実際にかつての教え子が就職活動をしていたとき、「集団面接をしていると、他の大学から来た人たちからも、自分が一目置かれているのがはっきり分かるんです」と嬉しそうに語ってくれた。そういった経験は、彼の中で大きな自信になって、さらに頑張るモチベーションにつながるだろう。話し方の順番を替える「だけ」で人生が変わる。これをものにしない手はないだろう。

CREC法に関するコツ

特に意識してほしいのは、CRECの最後の「C」だ。これを絶対に忘れないこと。慣れないうちは結論・理由・根拠の順で話したところで「以上です」なんて言ってしまうことがある。確かにこの3つで話の要素としては全て含まれているのだが、最後にもう一度結論に戻って話を締めないと、不自然で文字通り「締まらない」話に聞こえてしまう。授業で、まだ慣れない学生が3つ目の「根拠」の部分で話を終わらせてしまったとき、慣れてきた学生に「今、僕が何を注意しようとしているか分かる？」と投げかけると「最後のCがありませんでした」と即答する。それが実に気持ち悪く感じられるからだ。

さらにCRECに慣れてくると、CRECを入れ子構造のように使えるようになってくる。例えば「理由（R）」を説明するときに、その中身にも自然に小さな「CREC」が現れるようになる。全体の仕組みの部分に同じ仕組みを繰り返すことは、自然界の生物にもよく見られ、そのことを「自己相似性」と呼ぶのだが、構造のパターンが同じなので、全体として複雑になっても、少しも分かりにくくならないのだ。

ちなみに、君がプレゼンで「理由（R）」の部分を話すときには、なるべく3つに整理して述べるといい。「マジックナンバー」という、何故か人の記憶に残りやすい数があって、「3」はその最も理想的な数字だと言われている。これも是非覚えておこう。

「CREC」と「起承転結」はまるで違う

奇妙なのは「CREC法」はまったく教えてもらう機会がないのに、小学生でも「起承転結」という言葉なら知っていることだ。「起承転結」は、話の流れに関する4つの転換点を漢字の頭文字で表した言葉だが、「CREC」も漢字で表すなら「結理証結」ということになるだろう。いずれにせよ子供たちに「起承転結」について教えるのなら、それとセットでこんな簡単な「CREC」を教えていないというのは、まったくもっておかしな話だ。

「起承転結」は、プレゼンでは全く役に立たない。にもかかわらず小学生の頃から、文章の展開の基本みたいな言われ方をするものだから、余計混乱が生じる。教える側が、教えるべきことを教わってきていないから、こういうことが起きる。

「起承転結」は、「物語」のための構造だ。小説でも童話でも脚本でも、物語の場合は、最後にどうなるのかハラハラドキドキさせることが目的だから、当然「結論」は最後になる。だが、プレゼンでそんな話し方をしたら、クライアントや上司に「君は何かの説明をしているの？ それとも質問をしているの？　こっちは忙しいんだ！さっさと結論を言いなさい」と怒鳴られるだろう。だからプレゼンでは、まず結論を言わなくてはいけない。

一方、僕の妻の朝礼の話に出てきたようなトピック的な小話をするときは、むしろ起承転結でいい。最後に思いがけない結末が用意されていたりすれば、聞いているほうも楽しいだろう。だがそれはプレゼンではない。だから、朝礼で社員に話をさせたところで、いっこうにプレゼンの上達にはつながらないのだ。

企画立案における「5W1H」とプレゼンにおける「CREC」の関係

企画は5W1Hで立てていく

ここまでプレゼンテーションの目的とそれを果たすためのCREC法について説明してきたが、プレゼン以前に、まず提案する君の企画内容がしっかりしていなければ話にならない。企画はどのように立てていけばいいのだろう？「CREC」の「C（結論）」は企画のテーマにあたると言ったが、そもそも「テーマ」とか「コンセプト」とは何だろう。君は明確に答えられるだろうか？

その答えも簡単だ。それが分かると新しい企画を筋道立てて作ることができるだけでなく、「企画を立てること」と「プレゼンすること」という、一見無関係に思える2つの過程が、まったく同じ1つの「仕組み」、つまりCRECで成り立っていることまで分かる。

企画立案で大事なのは、英語でやった「5W1H」を意識することだ。「H」は「HOW」、「5W」は「WHO, WHAT, WHY, WHEN, WHERE」。これは君も大丈夫だろう。しかしこの「W」で始まる5つの単語の順番を意識したことはあるだろうか？　実はこれが企画を左右する。

ビジネス関係のサイトなどでは、「WHEN, WHERE, WHO, WHAT, WHY, HOW」が正しい順番などとされているが、それはすでに終わった仕事の報告や説明の場合にすぎない。この順番では企画立案はできないし、

「プレゼンテーション」は「説明」ではないのだから、プレゼンにも役立たない。

何かを企画するとき、まず決めるべきは「WHO（誰？）」、つまりターゲットだ。どんな人を対象にするかを決める。次に「WHAT（何？）」。ただしこれを「モノ」ではなく「コト」として考えなければいけない。例えば君が何か新商品つまりモノを提案するとしたら、それによって「何か新しいコト」ができるようになるはずだ。

この「WHO」と「WHAT」を足せば「〈誰々〉が〈何々〉できる商品」という言葉ができあがる。これが「テーマだ」。

デザインの世界には〈ヒト↓コト↓モノ〉という重要な考え方がある。矢印が示すようにこの順番が大事なのだが、テーマつまり「〈誰々〉が〈何々〉できる商品」もまさに「ヒトが新しいコトのできるモノ」という順番で並ぶことになる。

そもそもなぜデザインや企画が必要なのかといえば、「ヒト」がいるからだ。「ヒト」がいて、人と人、人と社会のより良い結びつきに必要なイベントや事業などの「コト」が発生し、それを実現するために必要な、商品や施設などの「モノ」がデザインされる。この関係性と順番を無視して「モノ」だけ作っても何の意味もない。とにかくデザインにおいて、モノを考えるのは一番最後。形や色はデザインにとって枝葉にすぎないという理由が、このことからも分かると思う。

テーマ（WHO＋WHAT）＋WHY＝コンセプト

「5W1H」で次に考えるのは「WHY（なぜそれが必要か？）」。これが一番大事な項目だ。君が独り善がりな考えではなく、職場や社会のために企画を立てているのなら、そこにはそれが絶対に必要な理由があるはずだし、なければならない。それで何が解決するのかが示されて、初めて企画と言える。

そして「WHO＋WHAT（＝テーマ）」に「WHY（何故それが必要か？）」を加えたものが「コンセプト」と呼ばれるものだ。WHO, WHAT, WHYがはっきりすれば、コンセプトはこんな風に語れる。

「新商品のテーマは『主婦の方でも気軽に○○できてしまう魔法の道具』。これ一つで大幅な時間とお金の節約に！」

実に簡単だ。ところでこれをプレゼンに置き換えてみよう。こんな風になる。

「今回ご提案させていただく商品は『誰でも気軽に○○できてしまう魔法の道具』です（C＝結論）。なぜこの商品が大切かと言いますと、そこには3つの理由があります（R＝理由）」

つまり、企画を組み立てる順番と、プレゼンで話す順番は全く同じでいいと言うことだ。

そこに残った2つの「W」、つまりそれをいつ（WHEN）どこで（WHERE）販売するかを加えることで、企画の基本計画ができる（**図07**）。

その上で君は、いよいよ最後の「HOW（どのように実現するか）」つまり企

図07

5W1H

WHO　誰？ ＝ ターゲット

WHAT　何ができる？

WHO+WHAT ＝ テーマ 「誰々が 何々できる 〇〇」

WHY　なぜそれが必要か？

テーマ（WHO+WHAT）+WHY ＝ コンセプト

WHEN・WHERE　いつ、どこで？

▼

HOW　どうやって実現する？ ＝ 具体的アイデア

画の具体的なアイデアを練る段階に入る。アイデアがまとまってきたら、それが実現可能なこと、そして実際に人気商品になりそうなことを確認する作業が必要だ。アンケート調査で需要を調べたり、図面を製作したり、試作品を作ったり、見積もりをとったりする。そして得られたアイデアの実現可能性が、プレゼンにおいては「CREC法」の3番目の項目としての「E＝証拠」となる。

そして忘れずに、自信を持って「C＝結論」で締めくくろう。

「この待ち望まれた魔法の商品、是非ともご採用の検討お願いいたします！」

プレゼンの資料も「CREC法」で構成する

プレゼンを成功させるためには、配付資料や、スクリーンで見せるスライドも大切だ。第1章で、それを見やすくするための間《ま》のとり方や、文字と色の使い方を説明したが、問題はその中身だ。何をどこに配置すればいいのだろう？　これもまた簡単。配付資料やスライドもCREC法に従って並べる、それだけだ。

まずスライドの場合だが、君のプレゼンの言葉がCRECになっているからには、必然的にスライドの並び順もその順番にならざるを得ない。これは分かるだろう。

では配付資料の場合は？　僕が一番ひどいと思うのは、スクリーンに映すスライドを、そのままプリントしただけの配付資料。本当によく見かけるが、こんなのはとても仕事とは言えない。実際それを後で見返したこともない。

配付資料はプレゼンの内容をコンパクトにまとめた要約でなければならない。思い出したいときに最短の時間で全ての内容を思い出してもらえるように、「1枚だけの」資料を作るべきだ。資料を渡す側ではなく、渡される側の立場になって考えてみよう。何ページにもわたる資料を後でまた読みたいと思うだろうか？　君はすでに言葉でプレゼンしているのだ。細かい話はそこで終えている。後でもう一度思い出してもらうのは要点だけでいいはずだし、時間と負担のかかる資料など相手は読み返さないから、結局その要点すら思い出してもらえなくなる。

図08を見てほしい。縦長でも横長でも、情報の配置をC・R・E・Cの順番にする。最初に「C」、つまり企画のタイトルと企画概要の文章。その下に、それが必要な理由と客観的根拠、つまり「R」と「E」を箇条書きやグラフなどでまとめる。縦長の用紙の場合はその下、横長なら右半分に、最後の「C」としての完成予想図や新しいビジネスモデルの図表を載せる。細部の特徴を示す画像などを添えれば完成だ。

このように配置しておけば、君がその資料を用いながらプレゼンするときでもCRECに従って順序よく説明できるし、当然相手にとっても分かりやすい。要するに情報の流れをより良くする配置のデザインをすればいいだけだ。それなのに多くの人が何枚にもわたる資料を作ってしまうのは、「私はこんなに仕事をしました」という証拠を残したいからだ。しかしそれは「要約する能力がない」という証拠を残しているにすぎない。つまりただの紙の

図08

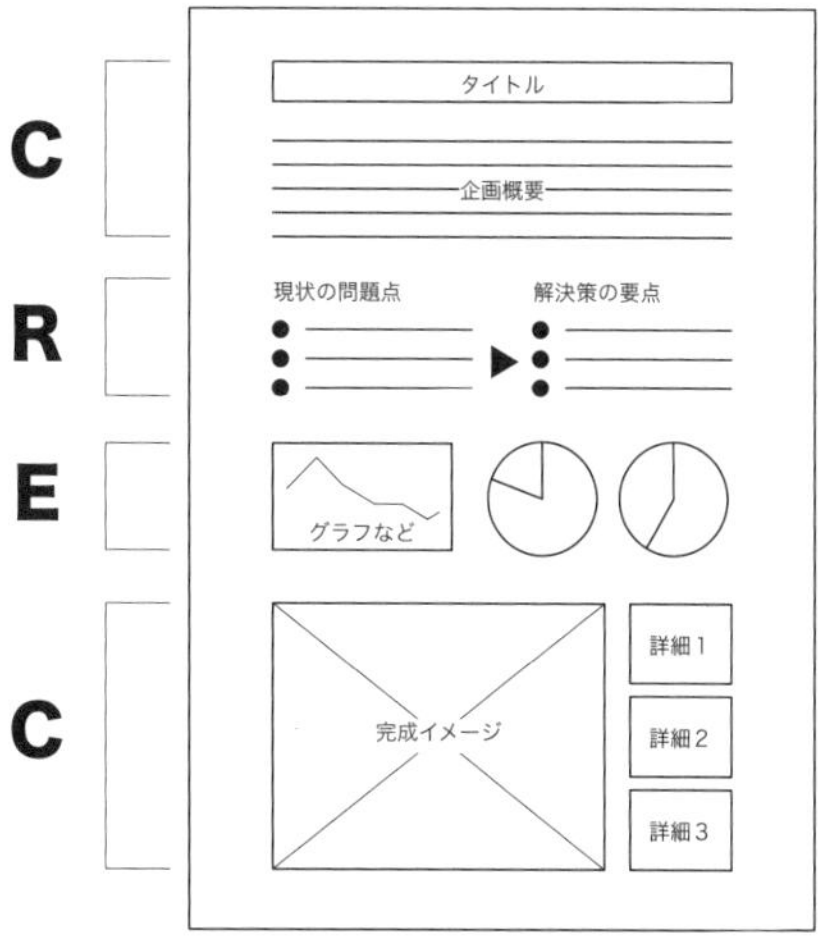
C
R
E
C
タイトル
企画概要
現状の問題点
解決策の要点
グラフなど
完成イメージ
詳細1
詳細2
詳細3

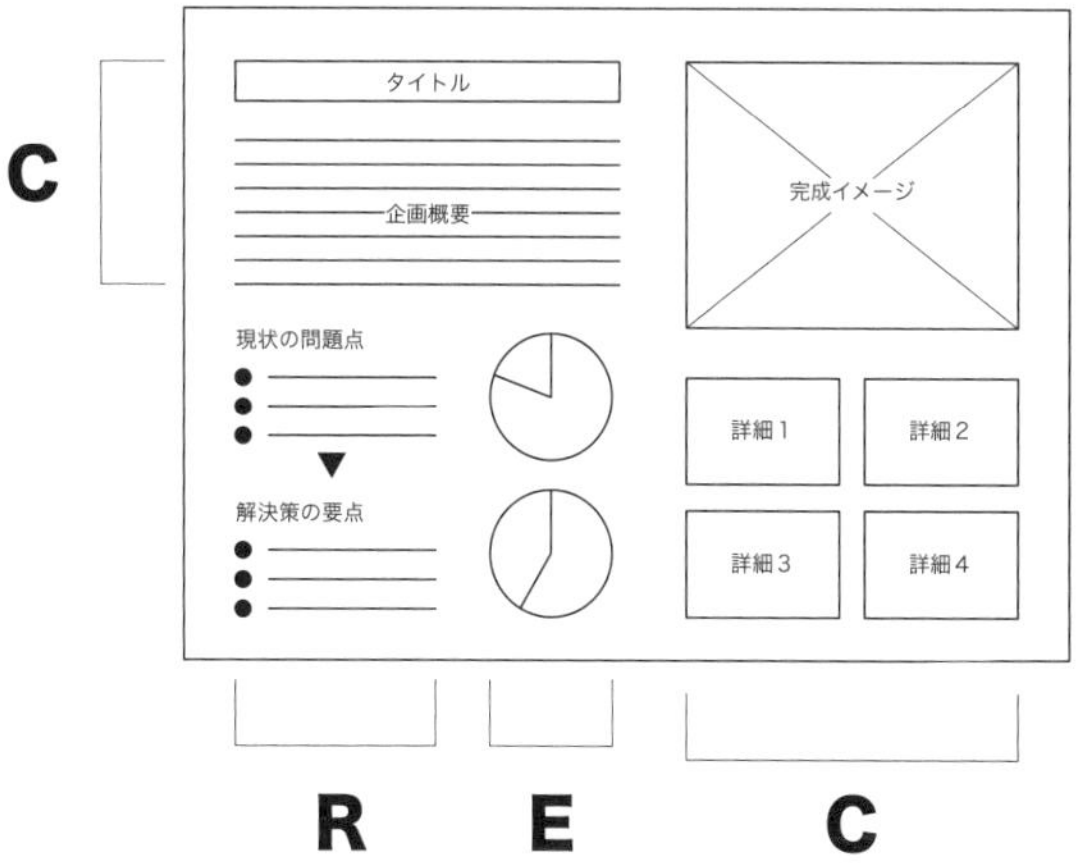
C
タイトル
企画概要
現状の問題点
解決策の要点
完成イメージ
詳細1
詳細2
詳細3
詳細4
R
E
C

無駄だ。君はいつそれを捨てようかしか考えないだろう。

同じCREC法のプレゼンの中にも、君らしさが出る

ＣＲＥＣ法は実にシンプルだ。ところがそれだと結局誰がやっても同じ雰囲気のプレゼンになってしまうかというと全然そうではない。同じ一つの仕組みに慣れてくると、逆に自分の中から自然に君らしさ、君の「人とナリ」が滲《にじ》み出てくる。

僕のプレゼンの授業では、終盤になると、学生にさらに緊張感を持たせるために他の教職員を呼んで、審査員のような役目をしてもらう。あるとき入試課の職員が何人かのプレゼンを聞き終えた後、学生たちにこんな風に語ってくれた。「実は今、入試のシーズンで慌ただしくて、ここにくる時もピリ

ピリしていたんです。けれど皆さんのプレゼンを聞いていて、なんだかすごく幸せな気持ちになれました」

その時のことはよく覚えている。1人の学生がどこかコミカルなプレゼンをした後、次の男子学生が男気溢れるプレゼンをし、さらに別の女子学生による清潔感と透明感のあるプレゼンが続いた。学生たちは心臓が口から飛び出そうなのをこらえながら必死にプレゼンしているだけで、個性を出すだのなんだの、そんな余裕はない。それでも確立されたCREC法の上に、彼らそれぞれの「らしさ」が素直に出てくるので、聞いていても実に楽しい。同じことをしているのに様々なバリエーションが自然に生まれてくる。そこまでくると、僕は学生たちに言う。

「もう君たちは、そんじょそこらの大人には、絶対に負けないよ」

クジラのヒレやコウモリの翼が、人間の腕と同じ仕組みを持っているように、これこそまさにCREC法が生み出す「系統発生的相同」だ。

ほとんど何もしないで勝つプレゼンもある

だが僕は、一番素晴らしいプレゼンとは、書類もスライドも使わずに成立させてしまうプレゼンだと思っている。何の画像も文字資料もないのに、プレゼンを聞き終わったとき、相手が企画内容のイメージをすべて頭に思い描けているとしたら、それこそ最高のプレゼンだ。だから僕のプレゼンの授業は、文字も画像も一切使わずに商品の魅力を説明するトレーニングから始まる。あれこれテクニックを増やすより、まずしっかりと言葉をデザインする力をつけるべきなのだ。

しかしもっと特殊なプレゼン方法もある。僕の中で、自分史上最高のプレゼンテーションは、具体的なプランを何一つ示さずに勝ったプレゼンだ。

僕は独立してから、銀座の大きなショーウィンドウのデザインを担当していたことがある。1年契約なので毎年コンペが待っており、僕は毎年勝った。ある年「江戸幕府開府４００周年」がクライアントからのデザインテーマになった。例年そのコンペに参加する他の企業は、ディスプレイのアイデアを考える時間もマンパワーもかなりあったはずだ。それに対して僕のほうは一人きりの個人事務所だし、何しろそのとき進行しているショーウィンドウを実現するだけで大変だったから、次のコンペの資料を作る時間などほとんどなかった。

そこで僕は具体的なディスプレイ案を一枚も描かずにプレゼンに臨むことにした。そしてそれでも僕は勝つだろうと考えていた。何故か。僕には圧倒的な知識があるからだ。「江戸幕府開府４００周年」というテーマで、他の企業はどんな案を作ってくるだろうか。僕はそれを考えた。まず間違いなく、江戸時代の風物や日本の伝統的イメージをアレンジしたようなものをあれこれ作ってくるはずだ。だが、そんなアプローチ自体がすでに凡庸極まりない。

では僕はどうしたかと言うと、江戸期の文化を従来とは全く違う見方で解釈した文章だけを作り、そんな切り口から生まれるディスプレイを見てみたくありませんか、とプレゼンしたのだ。僕の専門は現代アートだから、常に美術を「今」の問題として考えている。そこで、過去に生まれた文化を当時の現代アートとして捉え直したとき、特に安土桃山から江戸期の文化の先端性がどれほどすごかったか、それが実際に20世紀後半の西洋美術を何百年も先取りしていること、そして西洋でそれが遅れた理由までを、独自の視点で解説し、その上で、伝統文化の形や色をこねくり回すのではなく、江戸期の芸術家たちの革新の精神を現代に応用したら何が生まれるはずかという、「テーマに対する新しいポジション」を、クライアントにプレゼントしたわけだ。

これが僕のプレゼンだ。プレゼンする内容に至る手順そのものに与えている「差異」が強い情報としてクライアントに届くから、僕は勝てる。

斬新なアイデアを生むには、どうすればいいのか？

人は「デザイン思考」について思い違いしている

前章で、近年「デザイン思考」とか「デザイン経営」という言葉が注目されているという話をしたが、僕としては2つの意味で面食らう。第1にそんなことは別に教わらなくても自然にやってきたことだったから、なぜ今頃になって声高に言われているのかが理解できないし、その当たり前を企業がこれまでやってこなかったということが信じがたい。第2に、ではこれまでデザイナーが「デザイン思考」をしてきたのかと言えば到底そうは思えない。

僕は学生にデザインを教える立場になったために、自分でもその本質について改めて熟慮するようになり、その深い意味が理解できるようになったと同時に、多くの人たちのデザインに関する誤解にも気づくようになった。その誤解を生み出してきた張本人は、これまでのデザイナーだ。「子どもの頃から絵を描くのが好きだったから」とか「ファッションが好きだから」といった薄っぺらな理由で、ことさらな哲学も無いまま勝手な形や色を作ってきた多くの連中のせいで「デザイン」は貶《おとし》められ、危うくメチャメチャになるところだった。

その状況を覆《くつがえ》してくれたのは、デザイナーではなく、スティーブ・ジョブズを始めとするIT系の実業家や技術者だった。彼らが世の中に送り込んだデバイスは、デザイン的にも優れていたために、それを生み出す力や経営方針の裏に、何か大切な思考方法が潜んでいるのではないかと、周りの人たちも気づくようになったのだ。

しかし一方で、「デザイン思考」について、まだ多くの人が思い違いをしている。デザイン思考とは、現状を分析して問題点を発見し、その解決のアイデアを生み出す思考方法だと言われている。だがそれは違う。問題点から解決策を考える、それではダメなのだ。その方法では、画期的なアイデアはまず生まれない。おそらくは誰にでも考えつくような凡庸な解決策にとどまってしまう。

何が違うのか、どうすればいいのか？　ＣＲＥＣ法を身につけてプレゼンができるようになったとしても、企画の立て方が理解できたとしても、企画内容自体が平凡だったらどうにもならない。そこで画期的なアイデアを生むためのコツも君に伝えよう。思考の過程に「あと一つ」手続きを増やせばいいだけだ。

「問題点」から「解決策」を考えるのはダメ

僕がかつて学生たちに出していた「本棚のデザイン」という課題を例にして話そう。本棚をテーマにしたのは、問題点を発見するのが簡単で、デザイン思考の入門編として向いているからだ。

「本棚」を絵で描くとする。縦長の長方形の内側に4本くらい横線を引く。それだけで本棚に見えると思う。言い換えると本棚といえば大抵そんな形のものしかない。デザイン系の書籍で変わった本棚だけを集めた写真集などは出ているが、本当にがっかりする。独り善がりなデザイナーの奇妙キテレツなオブジェのようなものばかりだからだ。デザイン思考のかけらも見られない。

それでは四角に横棒を引いただけの絵で示せるような本棚が、すでに普遍的な機能性を備えていて、特別改善の余地などないかと言えば、全然そうではないはずだ。学生たちに「本棚で困ることは？」と質問するとワンサカ出てくる。場所を取るので部屋が狭くなるとか、移動しにくいとか、一番上の本も下の本も取りにくいとか、ぎっしり入れると取り出しにくいし、本が少ないと倒れてくるとか、もういろいろだ。

ここで例えば、本が少ない時にドサッと倒れてくる問題点の解決策を考えてみるとする。すると出てくるのは、途中にブックエンドのようなものを立てるとか、せいぜいそのブックエンドの側面にバネをつけて、本の量に応じて伸縮させるとか、そんな当たり前の解決法ばかりだ。本当にその程度のアイデアしか出てこない。それで悪いと言っているのではないが、もしこれがプレゼンの提案だとしたら、何の新規性もないから採用されるはずがない。

「問題点」から「解決策」ではなく、「原因」に進む

問題点からすぐ解決策を見つけようとすると、３つくらいは思いついてもそれ以上なかなか出てこない。しかも凡庸なアイデアばかりになる。ではどうすればいいのか？　問題点からいきなり「解決策」に向かうのではなく、問題点から、その問題が生じる「原因」に進む必要があるのだ。

問題点から「ではどう解決するか」ではなく、「なぜその問題が起こるのか」「なぜそれではダメだと感じるのか」に進んでみよう。問題点の原因を見つけようとすると、解決策に進んだ場合と同じように、誰でも3つくらいは思いつく。その上で、「問題点の解決策」ではなくその「原因を解決する」案を考えてみると、また3つくらい思いつく。3つの原因それぞれに3つのアイデアを出せれば、９つの解決策が生まれることになる。まずもってその

数のおかげで、新規性のあるアイデアが出てくる可能性が高くなることは容易に想像つくだろう。

しかしそれだけではない。現状の問題点というのは多くの場合、表面的なものだ。しかし、その「原・因」を探るというのは、文字通り、問題の大もとを見極めるということだ。その大もとから解決策に向かう。問題点から解決策ではなく、問題点から原因、そしてその原因についての解決策を考える。その手順を踏むだけで、斬新で挑戦的なアイデアが生まれてくるはずだ。

どんどん頭を柔らかくする

本はなぜ倒れるのか？　その「原因」を考えてみよう。すると普段の生活の中で、僕たちはずいぶんおかしなことをしていることに気づく。一冊の本は薄べったい直方体をしているわけだが、それを本棚に置くときに、君はわざわざ設置面積が一番少ない面を選んで立てかけている。だから倒れやすいに決まっている。

この「原因」から解決策に向かうとすれば、面積の多い部分を下にして収納すればいいことになる。要するに裏表紙だ。実際本棚にしまうのが面倒になって本を山積みにした経験は誰にでもあるだろう。しかしそうなると、今度は山の下にある本を取り出すときにやっかいになる。ならば、広い面を下にしながらも、本同士に直接荷重がかからない方法を考えればいい。これだけでも新しさと実用性の伴った本棚ができそうだ。

だがもっと頭を柔らかくして、本が倒れる別の原因、もっと根本的な原因を考えてみよう。すると「重力があるから」という答えが見つかる。重力がなければ、本は絶対に倒れたりしない。ただ、重力をなくすのはさすがに難しい。NASAやJAXAの協力を仰げばできるかも知れないが、それで数千万円もする本棚ができても買う人がいない。

しかしだ。要するに無重力のような状態を作ればいいのでは、と考えたらどうだろう。例えば天井からクリップのついたワイヤーを垂らす。そのクリップを工夫して、パチンと簡単に本を挟んだり取り外せたりできるようにする。個人宅には向かなそうだが、図書館だったらどうだろう。これまでの図書館と言えば家庭用よりさらに背の高い書架があって、それこそ一番上の本を取ろうとすると踏み台まで必要な場合もあり決して便利とは言い難い。

それならいっそ、天井から頭より少し上、手を伸ばせば届く高さまで無数のワイヤーを下ろし、その先に1冊ずつ本を取り付けてみたら？　それはもう「本棚」でこそないが、広い図書館全体に書籍が浮かんでいるなんていう不思議な風景があると知ったら、僕なら絶対に見にいきたい。

あるいはワイヤーはやめて、ヘリウムガスを使った風船のようなものに1冊ずつ本を差し込んで空中に漂わせたら？　不要な本はポンと押してやると、自分からフワフワと遠ざかって行く。もちろん架空の話だが、僕はいつもこんなふうに考えているし、そんな積み重ねが実現可能性を伴った斬新なアイデアに結びついていくのだ。ブックエンドなんか考えるより、ずっと面白いと思わないだろうか。

だが授業では、僕はさらに学生に、本が倒れるもっともっと根本的な原因を考えてほしいと要求する。さすがに期待する答えが出てくることは珍しいが、本が倒れてしまう一番根本的な理由の答え、それは「本があるから」だ。

ここまで来ると学生たちも唖然とするか苦笑してしまう。確かにこれでは禅問答みたいだ。でもそれは本当に馬鹿げた答えだろうか。僕はそうは思わない。この原因を解決するには「本を無くせばいい」ということになる。そしてこのアイデアはとっくに実現されている。電子書籍だ。物体としての書籍の代わりに、それをデータ化してしまう。電子辞書などはいわば新しい本棚だ。この本棚は本が倒れないばかりか占拠する場所や重さや持ち運びの問題まで、一度に解決している。ブックエンドなどとは次元の違う問題解決策だと言える。やがては「持ち運ぶ」必要すらなくなり、直接脳にインプットできる日も来るだろう。もちろんそんな時代が来ても、物体としての書籍のコレクションを楽しむ人がいなくなるとは思えないが、それはまた全然別の話。僕がいま君に伝えているのは、突き抜けたアイデアとはどういう思考回路から生まれるかについての方法論だ。

問題の本質を見極めよう

「デザイン思考」に関してもう少し説明すると、最初の「問題点の洗い出し」には大きく2種類ある。現状のニーズを発見する方法と、シーズを発見する方法だ。「ニーズ（needs）」とはいわゆる「問題点」、つまり現状についての「不満・不便・不足」のことで、最終的にそれを「解消する」ことがゴールになる。一方の「シーズ（seeds）」とは植物などの種子、つまり今はまだ世に出ていないがこれから芽を出し大きく育つ可能性のある要素のことで、「それが使われていないことが問題」という意味での「問題点」だから、最終的にそれを「活かす」ことがゴールになる。

だがいずれの場合でも、そのニーズやシーズからすぐに解決案を考えようとするクセをやめて、その本質を見極めようとするべきだ。先に話したディスプレイのコンペでも、僕はそれをしている。他のディスプレイ会社は江戸がテーマと聞いて、おそらくは歌舞伎とか東照宮とか浮世絵とか、そのキーワードに関係したアイテム、つまりシーズを拾い出してきて、そこからいきなりアイデアをひねり出そうとしていたはずだ。だからどれもこれも似たり寄ったりのステレオタイプな案になってしまうのだ。

僕はそうではなく、なぜその時代にそうした文化が現れ評価されたのか、原因を見つけ、その本質が現代の何に当たるのかを考えて提案を組み立てたのだ。自分には発想力がないと苦しんでいる人はたくさんいる。すでに話したように、その根本を成すのは知識量の問題だが、発想に至る道筋を少し変えるだけで解決する可能性だってある。

ひらめく時の脳は何も考えない時の脳に近い

突き抜けた発想やひらめきを得たかったら、とにかく「頭を緩めきってみる」といい。先ほどの本が倒れる原因の場合でも「それは本があるから」というところまではなかなかたどり着かないのは、まだ自分で自分の頭を固くしてしまっているからだ。人が吹き出すぐらいの答えを出すには、とにかく頭を柔らかくすること。つまり脳がグニャグニャに緩んでいる必要がある。

すごいアイデアはそういう状態の時に雷のように一瞬で落ちて来て、しかもその瞬間にほとんど細部まで完成している。これまで、自分でも驚くようなアイデアが生まれたときは、いつもそんなだった。なぜ急にひらめいたのか自分でも理解できないし、本当に自分が考えたことなのだろうかと気味が悪くなることさえある。

僕の場合、その確率が一番高いのはバーで飲んでいる時。仕事をしていて何かもう一つ超えた発想が欲しいと思うことがある。そんな時は、それ以上突き詰めて考えるのを止めてしまう。無理やり絞り出したり、どこか足りないからと何かを付け足したりするようなことをしても、少しもスマートな解決策にはならない。むしろ余計な装飾でゴマかしたようなものになってしまうのだ。そこで一度忘れることにして、バーに出かけて頭を緩めきってしまう。するとひらめきがまさに閃光のように降って来るのだ。

以前は、僕がたまたまそういうタイプなんだろうと思っていたので、人に勧めたりしたことはなかった。ところが最新の脳科学で、人が何かをひらめく時の脳の状態が、何かに集中している状態ではなく、何も考えない時の脳の状態に非常に近い、という発見があったことを知った。何故それでひらめくのかまではよく分からない。ただそのニュースを聞いたときすごく合点がいったし、それならば周りの人にも教えてあげたいと思った。とにかく、ひらめきが必要な時は、真面目になってはダメだ。何を考えているのか、何を言い出すか分からない自分を楽しもうという気持ちが一番だ。

もう一つのオススメは、楽しみながら平面幾何学の証明問題をとにかくたくさん解くことだ。なぜ幾何の証明問題なのか。他の数学の問題も論理的思考を身につける上では大いに役に立つのだが、幾何の証明の場合には、普通思いつかないところに補助線を引いたり、一見無関係に見える部分に関係性を発見したりしない限り解けないようになっている。高度なパズルのようなものだ。つまり既成概念にとらわれない発想力が必要になる。

そんな時はやはり頭を柔らかくしないといけない。杓子定規《しゃくしじょうぎ》な人間には絶対に解けない。だから、幾何の証明に慣れると、物事に対する先入観が自分の邪魔をすることを知って、常に人と違う方向から物事を捉える習慣がつく。サッカーで言うところの「ファンタジスタ」だ。きっとそれは、論理の力とともに、画期的なアイデアを生み出す発想力を鍛えるという、一石二鳥の効果を生むはずだ。

企画力とプレゼン力で、プラスのらせんを描く

どんな職場や社会でも、結局モノをいうのは企画する力とプレゼンテーションの力だ。小さなことからで構わない。常に今の状況を変化させて、より良い流れをつくる方法はないかを考え続けよう。言葉を鍛えて思考力を磨き、まず自分自身がワクワクするような企画を作り出し、それを相手に、職場に、社会にプレゼントしよう。そして相手を感動させ、協働しながら実現させていく。

そうした実績を積むことこそが、君のキャリアだ。やがて君の存在は周りに注目されるようになり、さらに魅力的でやりがいのある仕事のオファーを受けることになるだろう。そうやってプラスのらせんを描く仕組みを身につけていく。それが豊かな人生をデザインするということだ。

さて、次の章では、君がこれから自分の人生を自ら切り拓いていくときに

きっと役に立つ、僕自身が実践してきた方法や考え方を、君に伝える。

第3章

君の人生を切り拓くために

君の人生にとって最も大切ないくつかのこと

「質は量の中にあり」

若いうちは、そうそうビッグチャンスなど訪れないが、全ては君の将来のためのトレーニングだと考えよう。どんな小さな仕事でもそれを馬鹿にせず、とにかく絶対に手を抜かないことだ。小さな仕事なのだから難易度は大したことないはず。ここで大事なのは「まず量をこなす」ことだ。量をこなすことで、似たようなレベルのことなら考えなくとも反射的に高速に処理できるようになる必要がある。最終的に仕事で大切なのはスピードだ。スピードがあれば、同じ時間内により多くの仕事をこなせるわけだから、他の人よりも経験値が増える。またもし不具合が見つかったり変更が起きても、それを修正する時間を確保できる。まず反射神経、瞬発力を鍛えること。これが仕事上の基礎体力につながる。

僕は「質は量の中にあり」ということを、いつも自分に言い聞かせている。何を学ぶにせよ、小手先のテクニックを覚えるのではなく、地道な基礎トレーニングを繰り返すことでしか、本当の力は身につかない。スポーツの超一流選手を見るとよく分かる。「天才」と呼ばれるような人ほど、誰よりも多く地道な練習をしている。天才とは、ある「質」に到達するために必要な、「量」をこなすスピードが桁違いに速い人のことだ。

学校の勉強に置き換えても同じだ。ある数学の法則を確実に身につけるために、１００問の問題を解く必要があるとする。１日5問解けば20日で終わるが、面倒がって1問ずつしか解かなければ3カ月以上もかかることになる。しかし寸暇をいとわずに1日20問解けば、わずか5日で次のステージに入れる。天才とは、そういうことのできる人間のことだ。「これだけで分かる何々」みたいなハウツー本がよく書店に並んでいる。そういうものには手を出さないことだ。楽して得たものなど、その時は分かったつもりでも簡単に消え去るし応用も利かない。それは「実力」ではない。

毎日のように努力し、何回も反復練習して、少しずつしっかりと自分の脳に刻み込む。そうすれば君の知識は簡単には無くならない。そしてその知識が充分な量と質に達したとき、画期的な発想が生まれるようになり、自分と社会の未来に貢献できるようになるだろう。

一番大事なのは「根拠のない自信」

そうやって基礎体力がつき、君が周りから評価され始めると、今度は逆に、果たして自分にできるだろうか？と不安になるような仕事がやって来る。いや、仕事とは限らない。会社など辞めて独立しようか、とか自分で店を出そうかとか、そんな考えがよぎる日が来る。しかし多くの人は腰が引けて、断ったり先送りしたり、それを考えないようにしてしまう。だがそんな意気地なしに、君はなってはいけない。コツコツやれば済むいつもの仕事ではなく、自分にはできないかもと感じることなら、君はなおのことそこから逃げずに飛び込んで行くべきだ。

初めは慌てふためいたっていい。とにかくそれを乗り切り、達成するまで、必死にもがいて工夫する。脳に思い切り負荷をかけて、全力全速で考え続ける。そんな中で初めて本物の経験値が得られ、そして技も増える。大事なのは修羅場の数だ。それをくぐり抜ければくぐり抜けるほど自分に自信がつき、ちょっとの試練くらいでは動じなくなるだろう。

まあそうは言っても飛び込むのには勇気がいる。本当にやれるのか、失敗したらどうしよう。だがそんな躊躇を振り払うのは簡単だ。

僕は周りのあらゆる人に言ってきた。それは「人生で一番大事なのは根拠のない自信」だということだ。前へ進むのか、尻込みしてしまうのかを決めるのは「根拠のない自信」の有る無しだけにかかっている。特に若いうちはこれがとても重要になる。

考えてみてほしい。したことがないことをやるのだから、そもそもできる「根拠」など探したってあるわけがない。だから根拠など必要ない。問題は「自分はきっとできる」と思い込むかどうかなのだ。自分を信じられなければ、何一つ前には進まない。

実はその「根拠のない自信」を持つための、とっておきの方法がある。自分に呪文をかけてしまえばいいのだ。その呪文の仕組みを、前章で話したCREC法の構造から話そう。プレゼンの話し方の場合、そこには「E＝根拠

（証拠）」がなければならなかった。ところがいま自分がその仕事をこなせる「根拠」はない。だから「ＣＲＣ」になってしまう。さらに仕事をこなせる「Ｒ＝理由」の中身もない。するとどうなるか？　必然的に「なぜなら」の後がいきなり最後の「Ｃ＝結論」になる。よって次の言葉が完成する。「自分には必ずそれが出来る。なぜなら自分には必ずそれが出来るから。」

これは「同語反復」と言われる、同じ言葉を繰り返して自己ループさせてしまう論法だ。全然論理になっていないが、自己ループしているので反論のしようもない。要するに論理的に考えるから尻込みしてしまうわけで、こういうときは論理など否定してしまえばいいのだ。僕はいざという時には本当に自分にこの呪文をかける。やってみもしないで自分で自分の限界を決めるなんて、ただの意気地なしだ。第一、自分の人生に対して失礼だ。だから突入しよう。君も是非この出口のない言葉の呪文で、自分に自分の未来についてプレゼンしてみるといい。それが君自身へのプレゼントになる。

「努力量保存の法則」

「質は量の中にあり」とセットで、僕には「エネルギー保存の法則」をマネた「努力量保存の法則」という考えがあり、人が一生の間にしなければいけない努力の総量は、誰もが同じと思っている。若い頃に怠けて努力することから逃げ回っていれば、足りない努力はツケとして必ず後に回ってくる。それに気づいて、猛烈に努力し直せば問題はないが、それも怠るのであれば、君はいい年になっても職場で上の命令に従い、やりがいのない仕事を引退するまで続けることになるだろう。逆に、若い頃に自分を鍛え上げる努力をしていたならば、周りからチャンスが与えられ、その実績からさらに様々な機会が舞い込み、豊かな経験と充実した人生を楽しむことができるだろう。大きな仕事をするにはもちろん大きなエネルギーが必要になる。だがその頃には、君の周りには信頼できる多くの仲間がいるだろう。だから人の何倍も頑張るつもりで自分を鍛えよう。

「人の何倍も頑張る」なんてことが、現実にできるのだろうか？　一人の人間には1日同じ24時間しかない。だがそれは本当にできる。しかも年齢が行けば行くほど、何倍にも差が広がってしまうのだ。

どういうことか、その仕組みを説明しよう。例えば子供のころ、学校から帰ってから毎日1時間勉強している子と、頑張って3時間勉強している子がいたとする。それだけですでに3倍違うのだが、若い頃の差というのはせいぜい入れる大学の違いくらいなので、大したことはない。問題は社会に出てからだ。

図09のように、もっと頑張ろうと努力する人だって、一日の時間は限られているわけだから、思いのほか努力の曲線は右肩上がりにはならない。努力をし続けているのに、君の人生のグラフはほとんど横ばいかも知れない。だがやがて、30代、40代になると、努力を怠った者、投げ出した者から人生のグラフが急降下していく。周りが勝手に落ちていく。結果として、君の人生の値は人の10倍くらいにはなってしまう。

図09

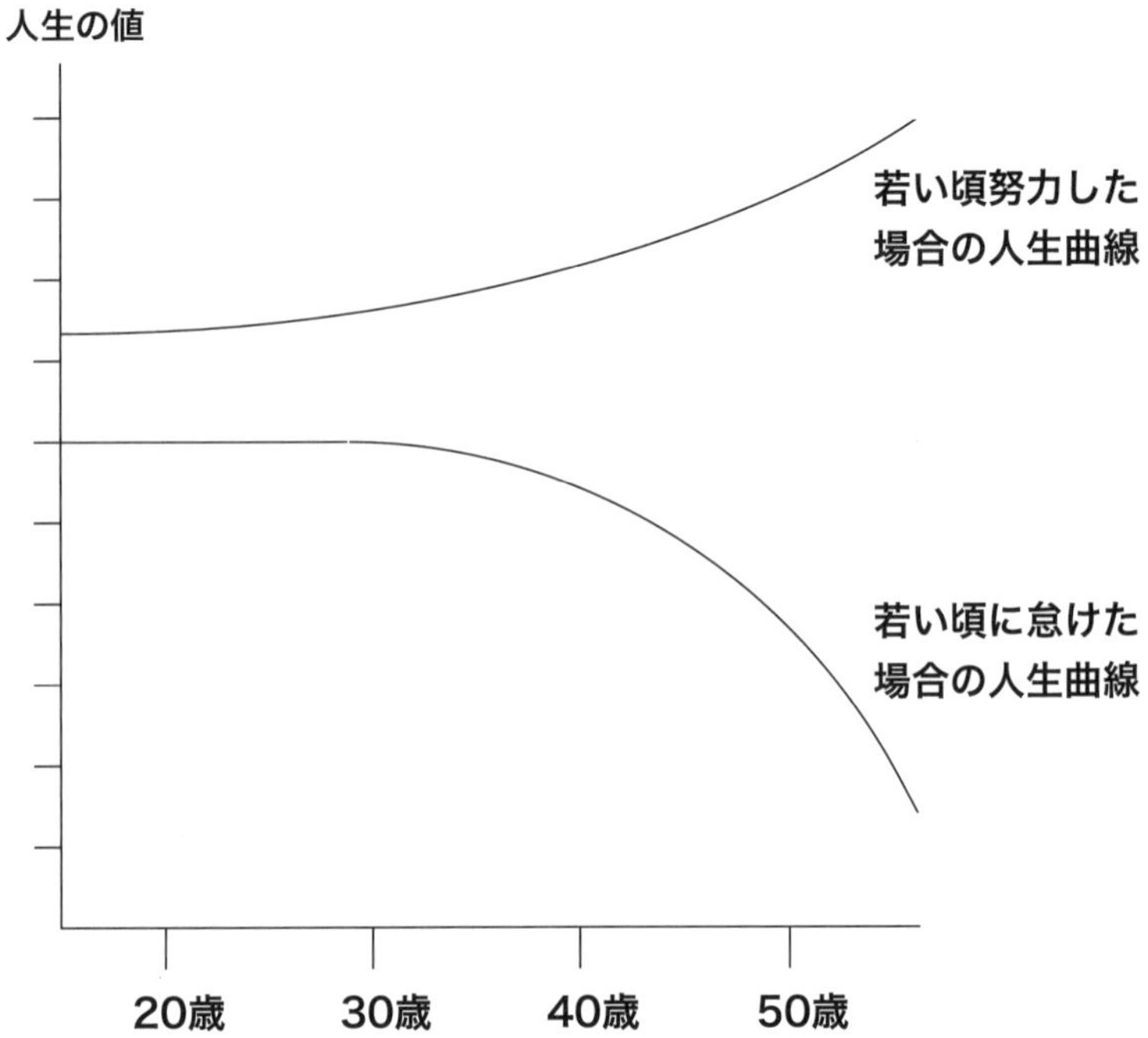
人生の値
若い頃努力した
場合の人生曲線
若い頃に怠けた
場合の人生曲線
20歳
30歳
40歳
50歳

では人はどの辺りから諦めざるを得なくなるか？　僕はそれを1000時間の差がついた時と考えている。勉強で考えてみよう。君が1時間だけだが毎日勉強しているのに、少しも勉強していないヤツがいたとする。というか、そういうのはワンサカいるのだが、それが1年続けば300時間以上の差がつき、3年後にはついに1000時間の差に達する。気づいたときにはもう遅い。1000時間開いたら絶対に追いつけない。今から1000時間勉強しましょうなんて言われたら、努力家の君でも卒倒するだろう。しかも相手は自分を鍛えてこなかったのだから、勉強に身体を慣らすだけでも時間がかかる。しかも仮にその1000時間をクリアできたとしても、その時には君はさらに先に行っている。だから永遠に追いつけないのだ。すでに君が努力を続けてきたのなら、そのまま続けるだけでいい。もししてなかったと思うなら、今すぐ開始することだ。若いうちにしか追いつくチャンスはない。明日からなんて言ってるヒマなど存在しない。

数年後の君のイメージトレーニングをしよう

ではどんな努力の仕方をすれば結果が出せるのだろう。ただやみくもに走るのでは、時間の浪費になりかねない。ここで大事になるのが「イメージトレーニング」だ。これに尽きる。

ある大物歌手へのインタビュー番組を見たことがある。毎年の元旦、自分が年末にレコード大賞を受賞する姿をイメージし、そこから逆算して1年間の活動計画を立てるという。実際にその歌手は、番組のあった年末、惜しくもレコード大賞とはならなかったが、歌謡大賞を受賞していた。

また世界のトップスプリンターは試合直前に、最後に自分が1位でゴールするイメージを頭の中で何度も反復して、試合ではそのイメージ通りに走るようにするという。自分の理想の姿を明確にイメージし、それをなぞるように行動する。このトレーニングは驚くほど効果的だ。

もし君がすでに将来の目標を持っているなら、それをよりリアルに想像してみよう。まだそれが無ければ、とりあえず身近な目標でも構わない。とにかく何かゴールを設定し、いつまでに達成したいのかはっきりさせよう。自分が思っていればいいだけなのだから、ずうずうしいくらいのゴール、「目指す」に値する高いハードルのほうがいい。ただし「30年後には」なんていう想像は曖昧《あいまい》になるから、長くて10年先、実際には5年先くらいがいいだろう。

大事なのはその「ビジョン」だ。それを達成したときの自分をリアルに想像してみる。その上で、ゴールから現在へとさかのぼる1本の線を引き、ちょうど半分の地点での、あるべき自分の姿をゴールから逆算して考える。例えば10年後の目標を設定したとしたら、それを達成するには半分の5年後にはすでにかなりのことをクリアしていなければならないはずだ。その姿をまた具体的に想像する。そこからまた手前に半分の2年半後、そのまたその半分の1年ちょっと後というように、ゴールに至るそれぞれの到達地点での君を、はっきり思い描く（**図10**）。

さて、一番手前の想像、1年ちょっと先と言えば、もうすぐ目の前だ。君は

図10

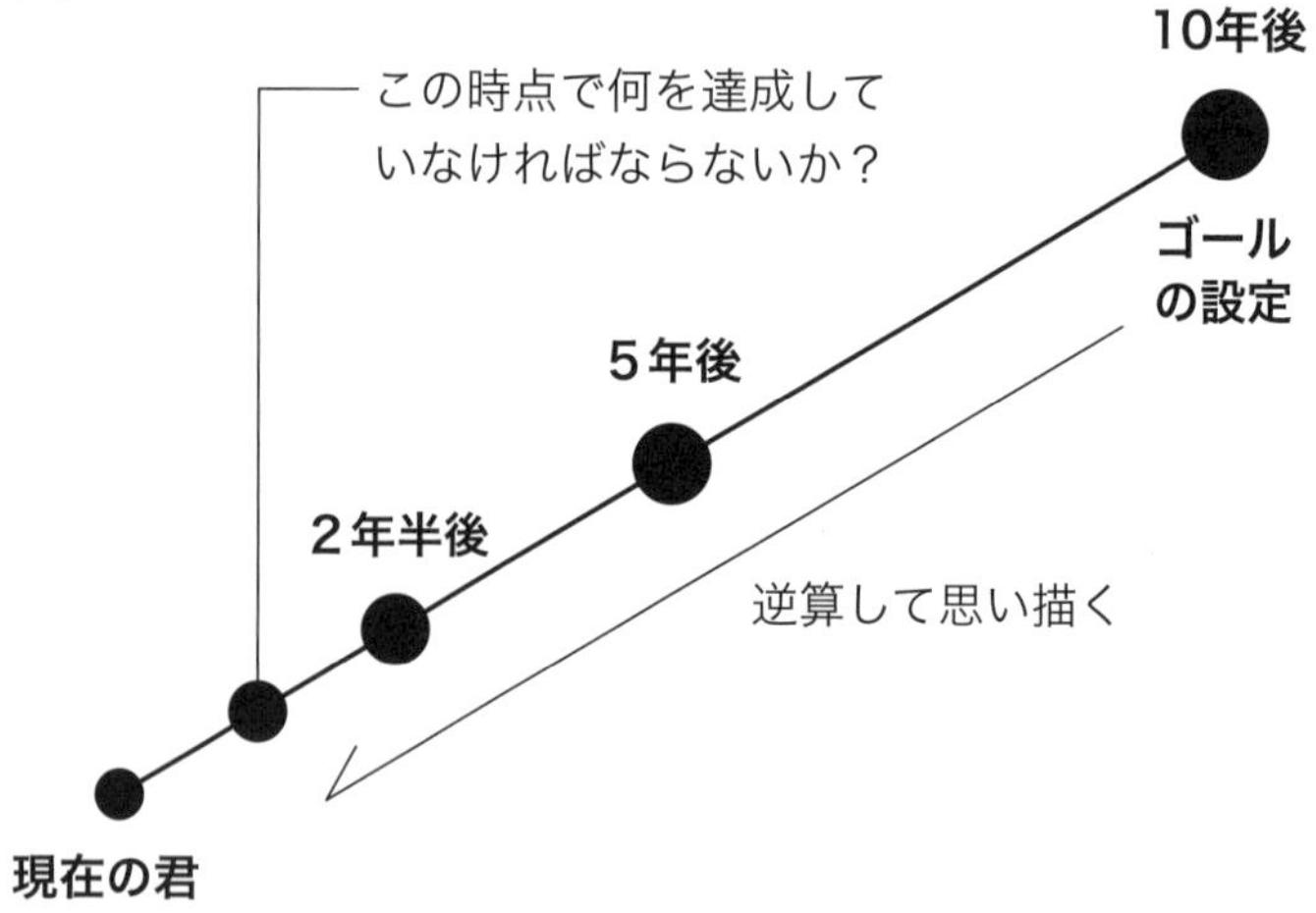

本当にそれまでに届くだろうか？　それすら届かないなら、10年後に描いた自分など到底手に入らない。だから1年後に向けて今すぐ走り出す必要があるだろう。

君が持たなければいけないのは「夢や希望」じゃない。「焦燥感と野望」だ。大した努力もしないで「自分探し」なんて言っているヤツがいる。愚かな言葉だ。元になる自分を育てていないのだから、探したって見つかりっこない。探してる暇があるならすぐに動いて、自分の中に経験値を蓄積させていくことだ。それが満タンになるにつれ、透明人間だった君が初めて姿を現す。それが君だ。現れれば探す必要などない。

イメージトレーニングをすると前倒しで実現する

僕自身も現代美術家としてデビューするとき、イメージトレーニングをきっちりやった。当時の僕の「野望」は、1年後には雑誌に取り上げられ、2年後に何か賞を獲り、5年後までに美術館で展覧会をしたり、外国からも呼ばれる、というものだった。そして僕はその全てを、実際には4年かからずに達成した。

不思議なのは、イメージトレーニングをしっかりやると、ただ実現の可能性が高まるだけでなく、なぜか前倒しで現実になってしまうことが多いことだ。人生のチャンスというものは、運や偶然も伴わない限り実現しないはずなのに、何故こんなことが起こるのだろう?

僕が思うに、その理由の一つは、イメージトレーニングのできている人が少ないことだ。イメージトレーニングをしていない人の人生はフラフラしていて、どこに向かおうとしているのか周りからも分かりづらい。しかし君が明確なイメージに従って突き進んでいれば、その延長線上で何をやれそうな人なのか分かりやすいし、スピード感もあるので、君にチャンスを提供する側にとって不安要素が少ない。

イメージトレーニングのできている人が少ないということは、意外に同じゴールへの競争率は高くなく、そのために予想以上の速さで叶ってしまうのではないかと思う。しかも、イメージトレーニングができている人は、ゴールにつながる情報に対して常に鋭いアンテナを張っているから、それが来たときに確実にキャッチできる。

昔からの逸話で、幸せには前髪が3本だけ生えていて、それが世界中を駆け回っており、誰のところにも3回やってくるという話がある。準備ができている人間はその前髪をつかむことができるが、何もしていない人間が気づいたときには、幸せは通り過ぎているというわけだ。ここで言う、幸せをつかむための「準備」とは何だろう。僕はそれこそが「イメージトレーニング」のことだと考えている。

だから君はまず、なりたい自分、なるべき自分のイメージトレーニングをしよう。それが具体的になるほど、自分にまだ足りなくてすぐにも開始しなければいけないことも見えてくるはずだ。見えたら走り出せ。やみくもに走るのとはまったく違う。進むべき道筋ははっきりしているのだから。

ゴールを目指す時に大切なことがある。自分の定めたゴールを100点としたとき、本当に100点を取れる人間と、80点どまりの人間の差だ。100点に到達するには、次の2つのことが必要だ。

まず、120点を目指すこと。100点を目指したら実際には80点しか取れない。問題なのは80点というのが、別に悪くない点数だということだ。だから多くの人はそれで満足してしまう。だがそれじゃダメだ。本当の頂に立ったときに見える風景はまるで違う。

もう一つは、いよいよ90点まで来たときに、さらに一段ギアを上げる余力

図11

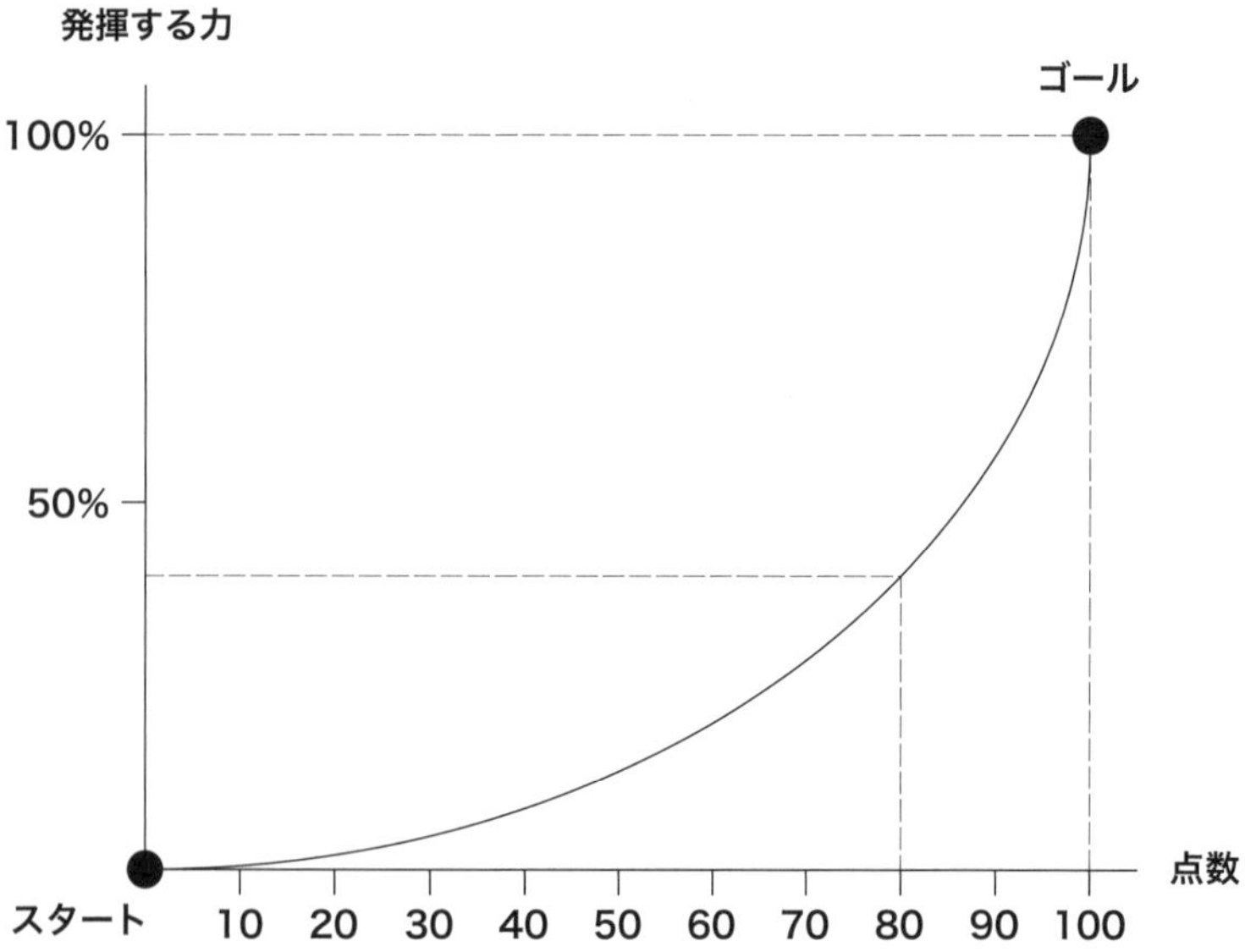

だ。スタート地点からゴールまでの道のりは、単なる右上がりの直線じゃない。ゴールに近づくほど急勾配になる曲線でできている（**図11**）。最後はほとんど垂直の壁をよじ登るような状況だって待っている。だから80点くらいの時点では、まだ50パーセントの力は残しておかなければならない。言い換えれば、80点には半分の力で届かなくてはいけない。80点の人

間と100点の人間とでは、実力は倍違う。だからもっともっと自分を鍛えよう。

君が肝に銘じておくべきいくつかのこと

人生は階段状に進む

努力すればそれで人生は順調に進むのかといえば、そんな甘いものじゃない。ここまでやっても無理なのかと思うことはいくらでもある。ところが心が折れそうになる瀬戸際まで来て、それでも諦めなかったときに、いきなり

図12

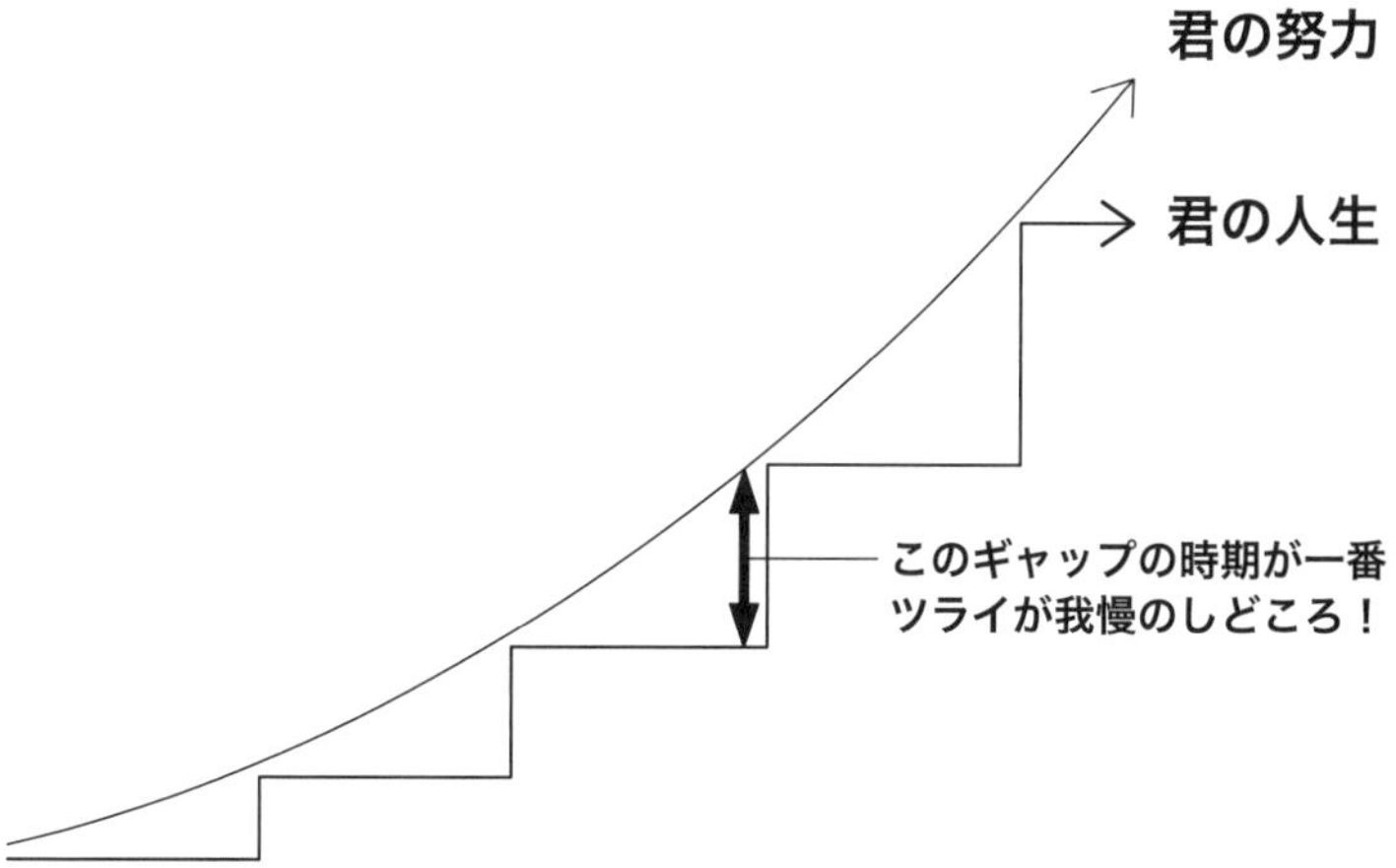

ポンとステージが上がる。僕はそういう経験を何度もしてきた。それで分かったのだ。

図12に示すように、1つのゴールへの道のりは、最後に行くほど激しくカーブする曲線だ。だが、人生は直線でも曲線でもなく、階段状に進むようにできている。どんなに努力して実力をあげても、その通りにすぐ結果として反映されるわけではない。

自分が以前よりちゃんと力をつけているのに、何の反響もなくチャンスが巡ってこないときほどキツイことはない。自分の努力に意味などなかったのではと疑いたくなる。そんな限界ギリギリのとき、それでもあと少し我慢してみよう。きっとその直後に「確変」が起こる。突如としてステージそのものが変わるのだ。ゲームに例えるなら、あるステージから次に進もうとして、努力しながら1つ2つと大事なピースを獲得する。何も起こらない。おかしいなと思いつつ、さらに頑張っていくつかのピースを集める。それでも何も起こらない。もう嫌になりそうになる。それでも諦めずにもう1つのピースを拾ったとたん、あるセットが完成していきなりネクストステージに昇格する。

人生とはどうやらそんな風にできているらしい。「人事を尽くして天命を待つ」という言葉の本当の意味は、そういうことなのだと思う。人生は階段状にしか進まない。そう肝に銘じておく必要がある。

一方、チャンスが訪れたら訪れたで、キツイこと、苦しいこと、うんざりすることが、これまたいくらもある。そんなとき、僕にとって大きな支えになってきたいわば「座右の銘」を3つ紹介しよう。どれも昔見たテレビ番組で知った、シンプルなのに奥深い言葉だ。

重い荷は強い肩が負う

ロシアのある高齢の方を取材した番組で聞いた言葉だ。80歳を過ぎてなお、地域の人や社会のために、重要な仕事をいくつも同時にこなしている人だった。高齢者には見えないしっかりした体格だ。ダンベルで、毎日身体を鍛えている。見るからにストイックだ。「健康の秘訣は？」と聞かれると、グラスになみなみと赤ワインを注ぎ、ゴクゴク一気に飲み干して「毎朝のこの一杯が日課。これが健康の秘訣です」と言う。

インタビュアーが「何故こんなにも様々なことを一人でやれるのですか？」と尋ねると、彼はこう答えた。「ロシアには『重い荷は強い肩が負う』ということわざがあります。力のある人のところに、多くの仕事が来てしまうのは当然なのです。」

すごいし、なるほどと思った。能力のある人のところには、必ず仕事が集まってしまう。いくつものことを同時にこなさなければならなくなる。頼りにされるのは誇りでもある反面、なんで自分ばっかりこんなに忙しい目に遭うんだとグチを言いたくなることも多い。そんなとき、あの強い意志と落ち着きに満ちた目をしたロシア人の「重い荷は強い肩が負う」という言葉を思い出す。試練を受け入れて初めて、人は大きくなる。あの人のようになりたいと僕は思う。

「重い扉はゆっくりと開く」

何だか当たり前な言葉に聞こえるかも知れない。しかし社会に出て、組織の体質の改革などをしなければならないとき、この言葉は大きな意味を持つ。組織はなかなか変わらない。組織が大きいほど、逆に小さなことにまで書類が必要だったり、承認の手続きに縛られている。そして少し新しいことをしようとすると「前例がない」という理由で却下されたり、協力を仰いでも面倒がられてしまい、何も前へ進まない。まさに巨大な重い門扉を手で押して開けようとするようなものだ。

多くの場合、所属する組織に対して本心では誰も満足していないのに、いざとなると変化を怖がる。面倒な仕事が増えるのではというくだらない妄想ばかり先に立ち、しかも責任を負わされるのが嫌なのだ。そして大切なことから目をそらし、自ら思考を停止しようとする。だから改革はなかなか進まない。

押してもまるで動かないように思えると、すぐに人は諦めてしまう。押してもいないのに、開きっこないと諦める者も多い。だが君はそこで引き下がってはいけない。一日中押し続けても1ミリしか動かないとしよう。扉の向こうなど到底拝めない。しかしそこで慌てない。そんなものがすぐに開くはずがないと、心に余裕を持とう。

そもそも君の方が正しい。何も変わらなければ組織は腐り、必ず潰れる。今のままでもいいじゃないかは通用しない。時代そのものが変化していくからだ。次の日も次の日も押し続けよう。1ミリが2ミリ3ミリとなり、やがてほんの少しずつ扉の隙間から向こうの世界が見えてくる。信念を持ち、諦めない。諦めることを諦めてしまえばいい。重い扉はゆっくりと開く。

そしてこの言葉には、もう一つのもっと深い意味がある。一度開けてしまえば、つまり前例をつくってしまえば、今度はもう誰にも閉められないということだ。開けることを諦めていたような連中に閉める勇気などないからだ。

肉体の悲鳴に耳を傾けない

最後の言葉は、本当に君に勧めていいのか迷うところだが、僕は実際にやってみて絶大な効果があることを知っているし、おそらく体力のあるうちにしかできないので、若い人たちにこそ伝えておきたい。

日本が誇る冒険家の植村直己さんの生前のインタビュー番組での言葉だ。

「疲れてどうにもならなくなってしまうことはないのですか？」という質問に対する植村氏の答えが凄かった。「そういうときは、肉体の悲鳴に耳を傾けない。」僕は驚愕した。意思で身体からの信号を無視する？

ところがやってみるとできるのだ。僕が独立した数年後、大事な仕事がどうしても間に合わなくなりそうになったことがある。何日も必死にやっていたので疲れ切ってしまい、あと少しなのに睡魔にも襲われる。疲れた。眠い。そんなフラフラの自分に腹が立ち、僕は一人きりの事務所で、「うるさい！」と大声で身体に怒鳴りつけた。

するとどうだろう。眠気も疲労も「失礼しました」とでもいうようにすごすごと身を引き、消え去ってしまったのだ。そして何事もなかったかのように僕は仕事を完成することができた。そしてその後もこの方法で、何度も難局を乗り切ることができた。

そこから睡魔についての考え方が変わった。なまじ規則正しい生活を送っていると、夜眠くなったら寝ないと身体はもたないと思ってしまう。しかし大抵の場合、その段階で眠らないと無理というのは自分の思い込みにすぎない。逆に眠らなくたって平気と思い込むと、かなり自在にコントロールできる。食欲に例えると分かりやすいかも知れない。腹が減ったのに食事の時間がとれないようなとき、しばらくは辛いが、そのあと気づいたら結構平気になっていた、という経験は誰にでもあるのではないだろうか。それと同じことだ。

最初は30時間くらいで限界だと思っていたが、それすら思い込みにすぎず、いざとなれば、50時間くらいなら実は1秒も寝なくても全く問題ないことが分かった。途中で睡魔の最初の波が来る。しかしそれを少しこらえると、いつの間にか消えている。そんな風にして3回、4回と乗り切れることが分かってくると、睡魔に対する怖さがなくなり、簡単に降参する必要自体がないことに気づくのだ。

もちろん徹夜を勧めるわけじゃない。ちゃんと睡眠を取れるような仕事の進め方や環境を確立するほうがいいに決まっている。だがこういう経験もしておくと、いざという時に慌てなくなる。一番ダメなのは、睡魔くらいで妥協して、自分の仕事を納得いくまでやりきらずに済ませてしまうことだ。その程度で人生は決して切り拓けない。

大きなチャンスはどこから来るのか？

ところで人生の大きなチャンスというのは、どういう時にどこから来るのだろう。人生は階段状に進むと話したように、「どういう時に」に関しては、努力を重ねながら必要なピースが揃ったときに突然やって来る。もちろん揃ったかどうかは結果論であって、その時の自分には分からないが、耐え抜けば必ず来ると信じている。

一方「どこから」については、僕の経験では、実にまったく思いがけない方向からやって来る。いくらイメージトレーニングをして、結果的にそのチャンスを得たとしても、それが来る方位自体は予測できない。僕の人生で大きなステップアップにつながったチャンスは、常にまるで思ってもみないところから来た。仕事は当然、誰かからもらうわけだが、その誰かが予想できないのだ。

誰かのために仕事をして結果を出せば、またそこから仕事をもらえる可能性が高いのは当然だ。だがほとんどの場合、それは前の仕事のバリエーションで、自分の飛躍にまで結びつくことはまずない。仲良くなった仕事相手にはつい期待してしまうものだが、本当に大きなチャンスは違う。まさか自分に声をかけてくるなど、考えてもみなかった人が与えてくれるのだ。だから僕も最初の頃はいちいち唖然としていた。だが、そのうち何故予測できないのか、その理由が分かってきた。それには異なる2つのタイプがある。

1つは「その人」が、君の守備範囲の一歩外側から、こちらを覗《のぞ》いているからだ。大きな仕事というのは、それを与える側にとっても大事なわけで、うかつに馴《な》れ合いで渡して失敗するわけにはいかない。だから慎重に人選をすることになる。複数の候補を見つけ、長い時間をかけて、誰なら間違いないか、つまり仕事の出来不出来がなく、常に一定以上のクオリティを出せているかを見極める必要がある。すり寄ってきて調子だけ合わせるようなヤツじゃ困る。そこで一定の距離をおいて、気にかけていることを簡単には悟られないようにしている。要するにこちらからは発見できないようにできているのだ。

もう1つはこれとは違って、過去の自分の仕事の成果がまったく知らない人へと伝わって、そこから三角跳びのように、不意打ちでやってくるからだ。どちらの場合にしても、予測などできるはずがない。だから、誰かにこれをすればこうしてくれるはずだ、といった近視眼的な打算はまず無意味だ。とにかく今与えられている仕事を一切の妥協なくこなす。余計なことなど考えずに実績を積み重ねていく。それがいずれ大きなチャンスにつながる。

この本で僕が君に最後に伝えたいこと

なるべく複数の分野に身を置こう

最後に君にとってもう一つ大切なのは、いかに人と違う多様な経験を積むかだろう。そのためにはジャンルの異なる複数の分野に身を置くといい。職場で周りの人と同じことだけしていてはいけない。職場以外にもう一つ、自分のキャリアをつくる。それは自分の大好きな趣味の世界の延長でも構わないが、それを極め、ＹｏｕＴｕｂｅに投稿したり、どこかで発表したり、とにかく自分の中だけで終わらせるのではなく、知らない人からの評価を受けたり、新しい人とのつながりができ、しっかりと目標を立てて自分を切磋琢磨できるものでなければならない。

僕は美術とデザインが専門だが、独立するまでの10年間は、デザイン会社に勤めつつ、休みの日は全て美術に費やして個展を重ね、専門誌に取り上げてもらったり、コレクターを得たりすることに努めた。美術とデザインは同じジャンルと思うかも知れないが、実はこの２つの分野は大事な本質がまるで逆なので、その両方を続けている人はほとんどいない。若い頃は、どちらかに絞らないといけないのではと迷うこともあった。

ところがやがて、デザインの仕事で覚えた図面の描き方が美術活動にとっての強い武器になることに気づいた。美術家できちんとした図面を描ける人はほとんどいない。だからそれは作品のオリジナリティにつながる。その逆もあった。デザインの打ち合わせで、みんながアイデアに詰まっているとき、美術の世界ではさほど珍しくない手法を取り入れた提案をするだけで驚かれたりした。

そして最終的にはそれが僕を救うことになった。世の中の仕事には、２つの分野を複合させたものがある。例えば商業施設の中に美術館やギャラリーが含まれる場合とか、デザイン系の展示空間の中に変化をつけるため、アートが必要になる場合などだ。そういった仕事は必然的にそこそこの規模になるから予算額も大きい。ところが両方を手がけられる人が極端に少ないために、その贅沢な仕事が、僕の個人事務所にやって来るわけだ。

それだけじゃない。デザインの仕事が続くと、ある意味で脳の同じ場所ばかり使っているわけだから、少し閉塞感を感じることがある。そういうときは美術作品のアイデアを考える時間に切り替える。使う脳の部位が違うから、デザインワークの後でも疲れが増すどころかリフレッシュする。逆もまたしかりで、アートの仕事一辺倒で疲れたときデザインワークに切り替えると、またバランスが保てる。そして存在理由の異なるこの２つを、まぜこぜにしたりしないで済む。ところがどちらかにしか身を置いていないと、「隣の芝生は青い」ものだから、美術家がデザインごっこをしてみたり、デザイナーが独り善がりなものを設計しだしたりしてしまう。こうなるともう最悪だ。

ありがたいことに僕には両方があるので、それぞれの本来のスタンスから、それぞれの目的に向かって、ブレずに集中して仕事をすることができる。しかも日頃からそれ以外の様々な分野の知識も増やしているので発想が広がり、アイデアに詰まることがない。教育者としても独自の理論やコンセプトを作り出せるので、様々なところからの講演の依頼なども受けられる。そうした様々な活動をすることで、僕は今、自分の人生デザインの成功を実感しながら、それを謳歌できるのだ。

だから君も是非、マルチなジャンルで活動すべきだ。そして最終的にはそれらを自在に組み合わせたり掛け合わせたりできるような「総合者（シンシスト）」を目指してほしい。最初はバラバラに見えても、それぞれの分野で得たものはやがてつながりを持ち始め、君の脳内インターネットが発達していく。しかもマルチに活動していれば、自然と仕事で様々な分野の人ともつながるから、いざというときに頼りになる友人が高速に増え、人脈は勝手に広がる。

するとこ今度はそうした人たちのために、自分が役に立ちたくなるだろう。そのとき君にいよいよ本当の自由がやってくる。自由とは何か。自分勝手に振る舞うこと？　違う。「自由とは他者に責任を持つことなり。」

君が責任ある仕事をできるようになれば、人は君を信頼し、君の言葉と君の新たな企画のデザインを信じてくれるようになる。そして君以外の人たちの生活や人生に関わることまで、そのデザインの判断を任されるようになる。つまり自分どころか他人の分まで自由を手にするわけだ。それは沸き立つほど嬉しく、震えるほど重い。君の人間力の全てが問われる。しかしそれだからこそ人生をかける意味と価値がある。

自分の人生に絶対手を抜かない

人生を切り拓く方法、人生のデザイン。そんな話を君にしたのは、僕の人生が、年齢が上がるほど豊かで楽しくて誇りを持てるものになったからだ。そのバトンを渡したかった。もちろん平坦な道のりだったはずがない。迷ったり、自分が嫌になったりした時期だってある。それでも僕は自分を鍛えることを止めずに、人生のほぼ全ての時期を全力で突っ走ってきたし、それは今も変わらない。

独立した初めの頃は、本当に小さな仕事しか来なかった。それでも最善を尽くした。絶対に手を抜かなかった。すると決まって相手からは「この金額で、こんな高いクオリティにしてくれるなんて！」というメッセージをもらった。そうやって、金銭の代わりに僕は人の信頼を獲得していった。間違いなく、それが一番の財産だ。そして40代、50代と進むにつれて、僕は驚くほど様々な、大きなチャンスを与えられるようになった。

それはただの運か？ 絶対にそうではない。僕は全力で格闘しながら、そのときどきの自分を確実に乗り越えてきた。常に限界までやって、人生を充実させてきた。「充実」。金銭などより、それが一番素晴らしいことなのではないだろうか。そうやって少しずつ自分の人間力を高めていく。それがやがて自分のブランド力につながる。君にもそんな風に、人生を味わいつくしてほしい。

これから先の社会は、かつてないほどの速度で、かつてないほどの変化を起こすだろう。その変化の波を味方につけて乗りこなすには、地球環境の激変に対応できた生物たちのように、君は自分自身を変化させ進化させ続けなければいけない。

もう一度言う。職場や自分の置かれた環境に、グチを言ったり嘆いたりするヒマがあったら、まず自分を鍛えよう。すぐに結果など求めない。そして諦めない。どんな難題でも引き受けて、格闘してみよう。若いうちは、いろいろ失敗したっていいじゃないか。反省だっていくらしてもいい。だが、君が僕くらいの年齢になったときに、自分の人生に後悔だけはして欲しくない。「ああ、若いときにもっとやっておけば」、これが人生で一番ダメな後悔だ。あるいは「ナンバーワンでなくてもオンリーワン」なんて人は言う。聞こえはいいが、多くの人はそのオンリーワンにだって全然なれていない。似たような人間ばかりだ。そしてその最大の理由は、結局のところ「怠慢」だ。

だから君は、自分の人生に絶対に手を抜いてはいけない。金額に関係なく、常に最高のクオリティで仕事をする。楽して儲《もう》けようなんてNGだ。それに全力をつくしてさえいれば、振り返ったときにも、絶対に自分を恥じる必要がない。怠けていたら何も始まらない。

自分を鍛え抜こう。そして人のために考えよう。人や社会のためにデザインしよう。君を含む周りの流れを変えよう。やがて君は「この人となら仕事してみたい」と思われる存在になるだろう。「与えられたくば与えよ」だ。それが君の自由へとつながる。

豊かな人生とは、自分でデザインし、自分で「作り上げていく」ものだ。自分の人生を最高の作品にしなければダメだ。これからどんな分野の仕事に就くにせよ、就いているにせよ、君は常にクリエイティブな「人生の実践者」でなければならない。

だから最後にもう一度問う。君の人生は大丈夫か？

編集　佐藤　英明

〈著者紹介〉
西本剛己（にしもと　たけみ）
1961年東京生まれ。明星大学デザイン学部教授。
専門分野は現代美術と空間デザイン。異分野をリンクさせ、統合する様々なプロジェクトを手掛ける。2005年「愛・地球博」日本館代表アーティスト。2017年に帝国ホテルの常設アーカイブ空間「インペリアル・タイムズ」を設計。大学ではデザイン学部長、明星教育センター長、広報改革担当学長補佐を歴任。特に独自のプレゼンテーション講座に定評がある。

君《きみ》の人生《じんせい》は大丈夫《だいじょうぶ》か？

2021年4月14日　第1刷発行

著　者　西本剛己
発行人　久保田貴幸

発行元　株式会社 幻冬舎メディアコンサルティング
〒151-0051　東京都渋谷区千駄ヶ谷4-9-7
電話 03-5411-6440（編集）

発売元　株式会社 幻冬舎
〒151-0051　東京都渋谷区千駄ヶ谷4-9-7
電話 03-5411-6222（営業）

印刷・製本　中央精版印刷株式会社
装　丁　　田口美希

検印廃止

Printed in Japan
ISBN 978-4-344-93308-8　C0095
幻冬舎メディアコンサルティング HP
http://www.gentosha-mc.com/